हाशिये पर...

(व्यंग्य)

हाशिये पर...

के. डी. सिंह

लोकभारती प्रकाशन
पहली मंजिल, दरबारी बिल्डिंग, महात्मा गाँधी मार्ग, इलाहाबाद-1

लोकभारती प्रकाशन
पहली मंजिल, दरबारी बिल्डिंग, महात्मा गाँधी मार्ग
इलाहाबाद-211 001
वेबसाइट : www.lokbhartiprakashan.com
ईमेल : info@lokbhartiprakashan.com
शाखाएँ : 1-बी, नेताजी सुभाष मार्ग, दरियागंज
नई दिल्ली-110 002
अशोक राजपथ, साइंस कॉलेज के सामने
पटना-800 006 (बिहार)

संस्करण : 2012 | मूल्य : ₹ 160

इण्डियन प्रेस प्राइवेट लिमिटेड
इलाहाबाद-211002 द्वारा मुद्रित

HASHIYE PAR
by K.D. Singh

ISBN : 978-81-8031-714-9

श्री रवीन्द्रनाथ त्यागी को

जो

व्यंग्य के क्षेत्र में मेरे प्रेरणा-स्त्रोत रहे

अनुक्रम

लिखना प्राक्कथन उर्फ दो से अधिक शब्दों का

व्यंग्य ही क्यों?

कहानी, कविता या उपन्यास क्यों नहीं?

शरीर के किसी अंग में व्याधि होने पर एक चिकित्सक उसे काटकर फेंक देने का निष्ठुर निर्णय लेता है।

मूर्ति को गढ़ने में एक मूर्तिकार, पत्थर पर छेनी और हथौड़ी के प्रहार तब तक करता है जब तक कि वह पत्थर एक सुन्दर आकृति में परिवर्तित न हो जाये।

...किसी को गढ़ने, स्वस्थ रखने या तब्दील करने के लिए चोट जरूरी है।

इसीलिए...व्यंग्यकार जो भी रचता है वह दिग्भ्रमित और बीमार समाज को हलकी चोट देने के लिए।

एक चीज है चोट और दूसरी चीज है उस चोट का असर।

व्यंग्यकार चाहता है कि चोट लगे...लेकिन हलकी ! जोर का झटका धीरे से।

पर असर गहरा हो...खूब गहरा।

इस संकलन को पढ़नेवालों से मेरी दरख्वास्त है कि चोट को धीरे से महसूस करें...चोट की कलात्मकता को भी!

लेकिन चोट के असर को खूब गहरे से महसूस करें।

इसी आशा और विश्वास के साथ संकलन प्रस्तुत है।

दिनांक : 12 दिसम्बर, 2010 —**के. डी. सिंह**

काशी इन्क्लेव, वाराणसी।

गंगे तव दर्शनात् मुक्तिः!

'स्नान' भी साहिबान अपने-आपमें एक कला है। यद्यपि हमें इसका अनुभव, महीने में एकाध बार ही होता है, पर जो लोग नियमित इसका सेवन करते हैं, उनका कहना है कि नहाने से आदमी एकदम तरोताजा हो जाता है। मेरे पड़ोस में रहनेवाले एक रिटायर्ड सज्जन का तो यहाँ तक मानना है कि, स्नान करने से ही नहीं, स्नान देखने मात्र से ही मन-मस्निष्क ताजगी से भर जाता है। इसके लिए वे माह में लगभग तीन दिन 'ए' प्रमाण-पत्र प्राप्त फिल्में देखने जरूर जाते हैं, और इकतीसवें दिन (अगर वह पडा तो) स्वयं स्नान कर मोक्ष को प्राप्त होते हैं।

परन्तु यहाँ स्नान से मेरा तात्पर्य सामान्य स्नान से नहीं है। मैं तो उस महा-स्नान की चर्चा लेकर बैठा था, जो गंगा, यमुना और सरस्वती के संगम में विशाल जन-समूह किया करता है। कुछ काल इलाहाबाद में रहने के कारण, एक बार मेरा साबका भी इस महास्नान से पड़ चुका है। हुआ यूँ कि, मेरा मित्र त्रिपाठी, जिसका घर संयोगवश गंगा किनारे ही पड़ता है, बावजूद इसके कि, वह अपने घर के नल में भी नहाने से परहेज रखता है, एक दिन मुझे महाकुम्भ के अवसर पर संगम तीरे टहलाने ले गया। वहाँ मौजूद लोगों की स्नानप्रियता देखकर, दंग रह जाने के अलावा और कोई चारा न था। बीच संगम में पुलिस की नावें लगी थीं, वहाँ तक आम लोगों का जाना निषिद्ध था। कुछ लोग किनारे पर ही, जहाँ लगभग उँगली-डेढ़-उँगली गहरा पानी था, वहीं 'नहा' रहे थे। फिर क्या था, कपड़े-सपड़े उतारकर हम भी वहीं पिल पड़े। सभी स्नानार्थी एक विशिष्ट प्रकार के स्वर में चीत्कार कर रहे थे। काफी देर ध्यान से सुनने के बाद, मैं उस चीत्कार से 'हट-हट गन्दे' या 'हर-हर गन्दे' अथवा 'हर-हर गंगे'-जैसा कोई शब्द ढूँढ़ पाया।

इस स्नान के पश्चात्, संगम में मेला क्षेत्र घूमने की परम्परा है। फलतः मैं और त्रिपाठी एक-दूसरे का कीचड़ पोंछते हुए, मेला भ्रमण हेतु चल दिये। घूमते-घामते एक घाट पर पहुँचे तो देखते क्या हैं कि एक पूरे-के-पूरे जनसमूह का मुण्डन

चल रहा था। कुछ लोग बालों से मूँड़े जा रहे थे और सभी लोग मुद्रा से भी। पता चला कि, इस घाट का ठेका 'जूतेवाले पण्डे' ने ले रखा है। प्रत्येक व्यक्ति 'मुँड़' जाने के पश्चात्, मुख्य पण्डे से, अपने गंजे सिर पर एक जूते की हलकी चपत आशीर्वाद रूप में प्राप्त करता था और बदले में कुछ दक्षिणा अर्पित करता था। हम लोग तो खैर नहा ही चुके थे, पर त्रिपाठी व्याकुल हो उठा। अचानक भक्ति-भाव का दिव्य तेज उसके चेहरे पर दमकने लगा, "धन खर्च कर स्नान करने से पुण्य अधिक प्राप्त होता है" ऐसा कहता भया।

इस प्रकार, पवित्र भक्ति-भावना के वशीभूत होते हुए त्रिपाठी ने आगे बढ़कर एक उप पण्डे से पूछा "हे पण्डवर! स्नान के कितने पैसे लगेंगे?" उप पण्डे ने बिना कुछ कहे, एक उस्तराधारी को संकेत किया। उस्तराधारी ने त्रिपाठी को पीछे से दबोचा और पण्डवर' ने आगे से। कुछ क्षणों में ही त्रिपाठी अपने तमाम बालों से अलग था। त्रिपाठी का तो जैसे तीसरा नेत्र खुल गया। तमतमाते हुए बोला..."यह क्या बदतमीजी है?"

पण्डवर ने अनसुनी करते हुए, लगभग जबरन त्रिपाठी के हाथ में एक टूटा दोना थमाया और उस पर दूध डालकर कुछ बुदबुदाने लगा, फिर एक क्षण रुककर पूछा..."मृतक का नाम क्या है?" त्रिपाठी ने रोते-कलपते अपना नाम बता दिया। सम्पूर्ण क्रिया कर्म के पश्चात् पण्डवर ने त्रिपाठी की तलाशी ली और फिर मुंड़े सिर पर एक जूता फटकारकर आशीर्वाद दिया..."जाओ जजमान! सम्पन्न हो गया।"

'सम्पन्न' होते ही त्रिपाठी सिर पर पैर रखकर भागा। हम पीछे-पीछे दौड़ते हुए त्रिपाठी को पुकारते चले। जो तौलिया त्रिपाठी नहाने के लिए ले गया था, उसे सिर पर लपेटा, उप पण्डे को हजार-बारह सौ उपाधियाँ दीं, फिर हम आगे चल पड़े।

चलते-चलते, एक विशालकाय पण्डाल दिखा। मैंने और त्रिपाठी ने एक-दूसरे को कुत्सित भाव से देखा, फिर अन्दर हो लिये। बढ़िया भोजन की खुशबू आ रही थी सो हम लोग भी लाइन में लग लिये और डटकर भोजन किया। भोजनोपरान्त-जैसे ही हम मुख्यद्वार से बाहर निकले तो देखते क्या हैं कि मुख्य द्वार के बगल में एक बड़ा-सा टीन का कनस्टर लगा हुआ है, जिस पर लिखा था.."श्रद्धानुसार दान दीजिये"

हमारी श्रद्धा तो त्रिपाठी को मूँड़े जाने के साथ ही समाप्त हो गयी थी। अब जबकि, श्रद्धा ही नहीं थी तो दान देने का सवाल ही नहीं पैदा होता था, सो हम डकार लेते हुए आगे बढ़ गये। हमारा आगे बढ़ना अभी हुआ ही था कि कनस्टर के पास बैठे 'एयर इण्डिया' के 'महाराजा' के शक्लवाले एक विशालकाय मूँछ-धारी, भीमकाय उदरधारी सन्त के शरीर में हलचल हुई और हम दोनों की गरदनें एक साथ शिकंजे में। 'महाराजा' ने गरजकर कहा... "ओय! दान क्या तुम्हारा बाप डालने आयेगा?"

हमने उसे लाख समझाया कि भाई साहब! हमें दान-वान में बिलकुल श्रद्धा नहीं है, तो वह बिफरकर बोला "अबे श्रद्धा-वद्धा सब लिखने की बातें हैं। ठूँसकर खाने में बिलकुल संकोच नहीं किया, अब दान देने में नानी मर रही है? देता है कि भेजूँ नरक में?"

हमें लगा कि, वह थोड़ी देर तक यूँ ही हमारी गरदनों से खेलता रहा, तो नरक में हम बाद में पहुँचेंगे, पहले 'स्वरूप रानी' की दरकार होगी। सो बचा-खुचा द्रव्य हमने उस कनस्टर को समर्पित किया, और उस सूरत को कोसने लगे जो आज सुबह-सुबह उठकर हमने शीशे में देखी थी।

खैर! आगे बढ़े तो एक नयी तरह की समस्या शुरू हो गयी। हमारे सम्पूर्ण शरीर में एक खास तरह की चिलबिलाहट प्रारम्भ हो गयी थी, जिसके साथ समन्वय स्थापित करने के प्रयास में हमारे शरीर, भरतनाट्यम, ओड़िसी या कुचिपुड़ी के बीच की कुछ हरकतें कर रहे थे। दरअसल स्नान के समय जो पवित्र कीचड़ हमारी देह में लिपटा रह गया था, और हमने भी जिसे संगम स्नान का प्रमाण-पत्र मानकर चिपकाये रखा था, वह सूखकर चरमराने लगा था। हमें लगा कि अब दोबारा स्नान जरूरी हो गया है। चलते-चलते सामने ही एक टीन के चद्दरों से निर्मित छोटी-सी केबिननुमा कोई चीज थी, जिस पर लिखा था... 'पुरुष'

मैंने त्रिपाठी को कहा कि ट्रायल लेकर आओ, शायद यह स्नानालय ही हो। त्रिपाठी अन्यमनस्क भाव से उस केबिननुमा चीज में प्रविष्ट हो गया।

तकरीबन पाँच-सात मिनट बाद त्रिपाठी खट्टा-खट्टा मुँह बनाये बाहर आया। स्नान तो उसने किया हुआ था, वह भी कपड़े पहने-पहने ही। मुझे लगा कि त्रिपाठी के खट्टेपन की वजह यह होगी कि पानी ठण्डा नहीं रहा होगा। पर

त्रिपाठी ने सारा माजरा कुछ यूँ बयान किया कि, जब वह अन्दर पहुँचा तो आस-पास तमाम कोशिशों से ढूँढ़ने के बाद भी कोई नल नजर नहीं आया। बहरहाल, मेला प्रशासन पर त्रिपाठी की अटूट आस्था थी, सो चुपचाप इस आशा में आँख मूँदकर बैठ गया कि शायद कोई कर्मचारी अभी पानी का टैंकर लेकर आता होगा, और हो सकता है कि पाइप से ठण्डे पानी की फुहार मारकर नहलाने की व्यवस्था हो। त्रिपाठी यह सोच ही रहा था कि पानी सचमुच आ गया...एकाध मिनट तक त्रिपाठी के सिर पर गिरता रहा, फिर धीरे-धीरे बन्द हो गया। त्रिपाठी ने सिर उठाकर ऊपर की ओर देखा तो सिर के ठीक ऊपर एक व्यक्ति आँखें बन्द किये, परम सन्तुष्टि के भाव लिये खड़ा था। पलक झपकते ही, त्रिपाठी की समझ में सारा माजरा आ गया। अब त्रिपाठी का चौथा नेत्र खुला...और वह उस अजनबी की गरदन पर सवार हो गया। अजनबी ने भाफी माँगते हुए बताया कि वह नगरपालिका का कर्मचारी है, और कल चूँकि वह उस केबिन में केवल 'पुरुष' लिखकर चला गया था, सो आज 'मूत्रालय' लिखने आया है। इस बीच वह नितान्त स्वाभाविक आवश्यकता के चलते अन्दर चला आया था, और फिर जो कुछ हुआ, वह भी स्वाभाविक ही था।

बहरहाल, अपनी जगह वह भी ठीक ही था, फलतः त्रिपाठी अपना चौथा नेत्र बन्द करते हुए वापस चला आया। छत्तीस करोड़ देवी-देवताओं में से, जितने हमें याद थे उनका स्मरण करते-करते किसी तरह से हम मेला क्षेत्र से बाहर आये। घर पहुँचकर, बिना किसी के कहे अपने मन से नहाया और वाकई तरोताजा हो गये। फिर वह दिन है, और आज का दिन है, क्या मजाल जो आठ साल के इलाहाबाद प्रवास में हम कभी स्नान की दृष्टि से संगम की तरफ गये हों। हाँ इतना जरूर है कि, अब जब कभी भी संगम की तरफ जाना होता है तो काली सड़क के प्रारम्भ में ही लगा विशालकाय बोर्ड पढ़कर ही सुकून महसूस कर लेता हूँ, जिस पर लिखा है.. "गंगे तव दर्शनात् मुक्तिः!"

●

एक बलात्कार : इतिहास का!

पण्डित रामझुलावन पाण्डे आपाद मस्तक पण्डित हैं। पाण्डित्य अगर किसी चमकदार चीज का ही नाम है तो वह पाण्डे जी के चेहरे, पटियाये हुए बाल, धोती, कुर्ता, साफी, तात्पर्य यह कि, रग-रग से झलकता है। वे इतिहास के टीचर हैं, और संयोग से हमारे ही गाँव के जूनियर हाईस्कूल में पढ़ाते हैं।

लेकिन हमारा सरोकार उनकी वर्तमान अवस्था से जरा कम ही है। उनका वर्तमान पूर्णता की हद तक सन्तुष्ट है। वेतन तो पूरा-का-पूरा बचत खाते में जाता है, आधे गाँव की जजमानी सँभाली हुई है, कथा-भागवत बाँचकर साल भर की सुपाड़ी, लौंग, इलायची मिल जाती है सो अलग! तिस पर जो कसर थी, उसे पूरा करने के लिए वे ब्याज पर पैसा भी उठाने लगे हैं।

कम लोगों को ही पता होगा कि, पं. आर. झे. पाण्डे; (स्कूल के प्रिन्सिपल जब सॉफिस्टिकेटेड मूड में होते हैं, तो ऐसे ही पुकारते हैं उन्हें) हमसे मात्र एक क्लास ही आगे थे। जब हम कक्षा आठ में थे, तकरीबन उसी साल ऊबकर पाण्डे जी कक्षा नौ में चले गये थे। हमसे कहा करते थे...''तोहार इन्तजार करत रहे चार साल से..अब जाइथी नौ मा...!'' इतिहास के बड़े महीन, मतलब जहीन विद्यार्थी थे, उन्हें सबसे रुचिकर विषय लगता था इतिहास। यदा-कदा जब मूड में होते तो कहते... इतिहास बड़ा हरामी विषय है भइया! जा तन लागे सो तन जाने। इसके लिए बड़ा 'इण्टरेस्ट' चाहिए, कौन-सा सिक्का क्यों चला...कब चला, कहाँ तक चला, किसने चलाया, क्यों चलाया, ऐसे-ऐसे क्रास कुश्चन होते हैं कि खोपड़ी भन्ना जाय। अब अगर तुम पूछ बैठो कि खाने के लिए बर्तन का प्रयोग कब शुरू हुआ, तो यह जान लो कि इतिहास पढ़नेवाला आदमी तुम्हें तुरन्त चुगद समझ लेगा। अरे भाई मेरे! यह पूछो कि कौन-सा बर्तन..मिट्टी का, ताँबे का, काँसे का या सोने का? काहे से कि, सबकी अलग-अलग शताब्दी है...और वह भी 'ईपू!'

हमें याद है कि, पाण्डे जी तथ्यों को रट मारते थे। ईसा पूर्व को वह आज भी 'ईपू' ही कहते हैं, और बीच के दोनों बिन्दुओं को सदैव गलत पिण्टिग का

नतीजा मानते रहे। हालाँकि इससे एक दिक्कत यह थी कि पाण्डे जी को फुटकर तथ्य तो याद रह जाते थे, पर इतिहास भूल जाता था। इस समस्या की सफाई में वे एक चिर परिचित शेर गुनगुनाते थे...

हिस्ट्री ज्याग्राफी बड़े बेवफा,
रात भर रटा, सुबह को सफा

फुरसत के दिनों में पाण्डे जी ने कम्पटीशन की तैयारी भी की थी। यह तो प्रश्न-पत्रों की खामियाँ थीं कि, उनमें इतिहास के अतिरिक्त भी काफी-कुछ पूछा गया था, वरना पाण्डे जी आज सिविल सेवा में होते। इतिहास-लेखन में तो पाण्डे जी का कोई सानी नहीं है। एक घटना तो खुद पाण्डे जी ही बताते हैं। नाइन्थ की हाफ इयरली में एक प्रश्न पूछा गया था "निम्नलिखित पर 200 शब्दों में टिप्पणी लिखिये.. 1. मोहनजोदड़ो 2. लोथल 3. कालीबंगा

उपर्युक्त प्रश्न के उत्तर में, पं. आर. झे. पाण्डे ने जिस तफसील से तीनों पर सामूहिक टिप्पणी लिखी, उसे यथा सम्भव, यथा शब्द नीचे प्रस्तुत किया जा रहा है...

ॐ गणेशाय नमः
शुभ लाभ

प्रश्न सं. 1. टिप्पणी..

भूमिका—परम पूजनीय कॉपी जाँचनेवाले गुरु जी के चरणों में सादर प्रणाम स्वीकार हो। आगे समाचार यह है कि, मैं पं. राम जियावन पाण्डे का बड़ा लड़का रामझुलावन हूँ। वही राम जियावन पाण्डे, जिनकी वैदकी पाँच गाँव में मशहूर है। कक्षा 9 में पहली बार आया हूँ अतः जो त्रुटियाँ हों उन्हें क्षमा करियेगा। टिप्पणी कर रहा हूँ..

टिप्पणी एक :–मोहनजोदड़ो—मोहनजोदड़ो का जन्म सिन्ध के लरकाना जिले में तलवण्डी नामक स्थान पर हुआ था। वह बचपन से ही बड़ा कुशाग्र बुद्धि का था। खेल-खेल में वह एक पत्थर पर बैठकर न्याय किया करता था। पता चला है कि वह पत्थर वास्तव में सिंहासन बत्तीसी था, जिस पर एक महान् ऐतिहासिक ग्रन्थ 'किस्सा सिंहासन बत्तीसी, पहलवान छाप कानपुर' भी प्रकाशित हुआ है। इस पुस्तक की सबसे खास बात यह है कि इसके मुखपृष्ठ पर ही एक पहलवान का चित्र बना होता है। पहलवान छाप प्रकाशन को, भारतीय इतिहास और संस्कृति

के विभिन्न युद्धों, घटनाओं का गीतमय प्रकाशन करने का गौरव प्राप्त है। महोबे का पूरा आल्हखण्ड बहुत सस्ते दरों पर पहलवान छाप प्रकाशन ने ही छापा है। मोहनजोदड़ों की कुशाग्रता इसी से जाहिर है कि, वह हर प्रकार का गुणा-भाग मिनटों में हल कर लेता था। अपने पिता का वह अत्यन्त आज्ञाकारी था और ब्याज के तगादे पर पिता के साथ साथ जाता था। आशीर्वादीलाल श्रीवास्तव ने वास्तव में लिखा है कि, एक बार उसने, माने मोहनजोदड़ो ने अपने गुरुजी की दाढ़ी मात्र इस बात पर जला दी थी, कि गुरू जी ने उसे 'चिकना' कह दिया था। मोहन वैसे तो शान्त स्वभाव का बालक था लेकिन कभी-कभी उसे बहुत तेज गुस्सा आता था। बड़ा होकर वह अत्यन्त प्रतापी शासक बना। सिन्ध के आसपास का पूरा क्षेत्र हड़पकर उसने राजसूय यज्ञ भी किया। इसीलिए इस क्षेत्र का नाम हड़प्पा पड़ा। चूँकि यज्ञ में आहुति देने के लिए हजारों लोग मारे गये थे, अतः इसे मुर्दों का टीला भी कहा जाता है। राजसूय यज्ञ के लिए आर्यावर्त के जिस महान् पण्डित को बुलाया गया था, वह जाति का पाण्डे था और पाँच गाँव में उसकी बैदकी चलती थी।

मोहनजोदड़ो स्वभाव से अत्यन्त भला और नेक राजा था। गाँव में न उसकी किसी से दुश्मनी थी और न ही किसी लफंगे लड़कों के साथ उसका उठना-बैठना था। वह जब भी कभी ब्याज के तगादे पर निकलता था तो रास्ते में सबसे राम रमौहल करता चलता था।

टिप्पणी दो :–लोथल—लोथल, मोहनजोदड़ो का सबसे विश्वासपात्र सेनापति था। वह दरम्याने कद का एक हृष्ट पुष्ट बैकवर्ड क्षत्रिय था। उसकी वीरता के चर्चे गान्धार तक मशहूर थे, और उन्हीं चर्चों की वजह से मोहनजोदड़ो ने उसे अपना सेनापति बनाया था। उसके भाले का वजन अस्सी मन था जो कि आज भी चित्तौड़ में रखा हुआ है। उसके शरीर में अस्सी घाव थे जो कि विभिन्न युद्धों में उसने खाये थे। लोथल की वीरता पर एक महाकाव्य भी लिखा गया है जिसके रचयिता पं. श्याम नारायन हैं, और संयोग से वह भी जाति के पाण्डे हैं। पर इनकी कोई बैदकी-वैदकी नहीं चलती, और न ही इनके पास इतना पैसा है कि उसे ब्याज पर उठा पायें। ऐतिहासिक तथ्य बताते हैं कि लोथल बन्दर पालने का बहुत शौकीन था, और इसके लिए उसने बाकायदा एक बन्दरगाह बना रखा था।

टिप्पणी तीन :–कालीबंगा— कहते हैं कि, हर झगड़े के पीछे जर, जोरू और जमीन का मसला होता है। कालीबंगा एक अत्यन्त चरित्रहीन औरत थी। वह सचमुच काले रंग की थी, या उसका गुस्सा तेज होने के कारण उसे काली कहा जाता था, इस पर इतिहासकारों में मतभेद है, पर उसके बंगा होने पर कोई मतभेद नहीं है। कहनेवाले तो यहाँ तक कहते हैं कि, वह मोहनजोदड़ो की रखैल थी पर इण्टरेस्ट लोथल में ज्यादा रखती थी। उधर सुरकोतड़ा नाम का एक और आदमी भी उसके चक्कर में था। क्योंकि जिस पाठ में मोहनजोदड़ो, लोथल और कालीबंगा के बारे में बताया गया है, उसमें सुरकोतड़ा का नाम बार-बार आता है। सुरकोतड़ा के पैर घोड़े के खुर-जैसे थे जो कि खुदाई में मिले हैं। कालीबंगा का चरित्र इसी से पता चलता है कि, उसकी टूटी-फूटी चूड़ियों के प्रमाण खुदाई में मिल गये हैं। अति वीभत्स बात यह है कि वहाँ एक हल भी मिला है।

टिप्पणी एक का शेष भाग-मोहनजोदड़ो—जैसा कि बताया गया है, मोहनजोदड़ो स्वभाव से अत्यन्त भला और नेक राजा था लेकिन पण्डितों ने, खासतौर से पाण्डे लोगों ने, गलत नहीं कहा कि "नारी नरकस्य द्वारं।" कालीबंगा ने मोहनजोदड़ो को अपने मोहजाल में फाँस रखा था। मोहनजोदड़ो ने विश्व का सबसे बड़ा स्नानागार बनवाया था जिसमें कालीबंगा नहाती थी। अपने परम मित्र लोथल के लिए उसने एक विशाल अन्नागार बनवाया था जिसमें वह भोजन करता था लेकिन लोथल एक दुष्ट व्यक्ति था। जब कालीबंगा स्नान करती थी और मोहनजोदड़ो उसे रोशनदान से देखा करता था, तो दूसरी ओर के रोशनदान से लोथल भी उसे देखा करता था।

उपसंहार (तीनों टिप्पणियों का)—एक दिन जब मोहनजोदड़ो और लोथल, दोनों लोग आमने-सामने के रोशनदान से कालीबंगा का स्नान देख रहे थे, तो दोनों की नजरें आपस में मिल गयीं। इसके फलस्वरूप एक अति महान् और भीषण युद्ध हुआ जिसमें हड़प्पा की पूरी सभ्यता नष्ट हो गयी, जो कि बाद में खुदाई में मिली है। खुदाई पण्डित राखालदास बन्द्योपाध्याय ने करायी थी।

बताते हैं कि, मोहनजोदड़ो की आँखों में इतना तेज था कि क्रोध में भरकर उसने लोथल को देखा तो वह साँड़ बन गया। लेकिन कालीबंगा को उसने मातृदेवी में बदल दिया ताकि सदियों तक उसकी पूजा होती रहे। बाद में खुदाई से साँड़

व मातृदेवी दोनों मिले हैं, लेकिन मोहनजोदड़ो नहीं मिला, क्योंकि वह सदेह स्वर्ग चला गया था। उसके साथ एक कुत्ता भी था, जिसके बारे में इतिहासकारों का मत है कि वह सुरकतोड़ा था।

मोहनजोदड़ो-जैसा महान् व प्रतापी शासक पूरे इतिहास में नहीं है। वह हर बात को समकोण पर काटता था। पक्की नालियाँ भी मिली हैं। विशाल अन्नागार से लोथल की हाइट का पता चलता है। अगर कालीबंगा नहीं होती, तो लोथल और मोहनजोदड़ो की कुछ दिन और पटती। तब शायद भारत की सीमाएँ गान्धार, मलाया और श्यामदेश तक अपना विस्तार पातीं। वैसे मोहनजोदड़ो का विचार, चीन की भाँति एक लम्बी दीवार बनाने का था। वह सिकन्दर की भाँति विश्व-विजय भी करना चाहता था। अपनी राजधानी को वह एक बार दौलताबाद भी ले गया था, परन्तु कालीबंगा के मोह में फिर वापस लाना पड़ा था। ऐसे महान् प्रतापी शासक को खो देने का हमें दुःख है। जय हिन्द, जय भारत।

प्राचीन इतिहास के इस जघन्य बलात्कार के बाद पं. आर. झे. पाण्डे ने बी. एड. धारण किया और गाँव की पाठशाला में इतिहास पढ़ाने लगे। आज भी जब कभी गाँव जाना होता है और पाठशाला के पास से गुजरता हूँ तो पं. आर.झे. पाण्डे की गम्भीर वाणी सुनायी पड़ जाती है..तो बच्चों, मोहनजोदड़ो एक महान् और प्रतापी शासक था...।

•

धर्मोपदेशः

(1)

....“भला आप ही बतायें भगवन्! छोटे भाई की पत्नी को रख लेना क्या बड़े भाई को शोभा देता है? सुग्रीव ने राम की ओर कातर दृष्टि से निहारकर पूछा तो एक बारगी मर्यादा पुरुषोत्तम के मन में तुलसीदास की चौपाई गूँज गयी..समरथ को नहिं दोष गुसाई..लेकिन तत्क्षण ही सँभलकर बोले...“हे सुग्रीव! छोटे भाई की भार्या को रख लेना नितान्त गलत है..क्षमा योग्य नहीं है। फिर अपने धनुष की प्रत्यंचा ठीक करने लगे।

पिछले सात-आठ प्रहर से यह राजनीतिक वार्त्ता चल रही थी। हनुमान, जाम्बवान्, और सुग्रीव का यह शिष्टमण्डल बाली की सरकार गिराने के लिए राम से सहायता लेने आया था। किष्किन्धा हिल पर यह वार्त्ता किसी कामन मिनिमम एजेण्डे तक पहुँचने के प्रयास में थी। वैसे भी गरमागरम वार्त्ताएँ हिल स्टेशनों में ही शोभा देती हैं, सो दे रही थीं।

अन्ततः हनुमान ने एक लम्बी साँस ली। वार्त्ता अपने परिणाम पर पहुँच गयी थी। एक ऐतिहासिक राजनीतिक षड्यन्त्र रचा जा चुका था। तय पाया गया कि बाली को मारकर सुग्रीव को किष्किन्धा का राजा बनाया जायेगा और बदले में किष्किन्धानरेश सुग्रीव, अपनी शासन-सत्ता का सहयोग सीता की खोज में देगा। जैसा कि अक्सर देखा गया है, ऐसे आध्यात्मिक समझौते पर प्रसन्न होकर देवताओं ने फूल बरसाये। फूल वगैरह बरसाने के पश्चात् देवता लोग अगली सूचना तक सभा स्थगित कर वापस स्वर्ग लौट गये। उधर अगले ही दिन राम ने सुग्रीव के साथ द्वन्द्व युद्ध में रत बाली नामक वानर को मार गिराया। मैं बैरी सुग्रीव पियारा वगैरह गाकर तथा राम से एकाध छोटे-मोटे आध्यात्मिक प्रश्न पूछकर अन्ततः बाली को भलीभाँति यह सन्तोष हो गया कि उसे एक परम आदरणीय विद्वान्

तपस्वी टाइप के क्षत्रिय ने मारा है जो कि उसे मारने के लिए ही बना था और इस प्रकार परम सन्तुष्ट होकर बाली मर गया। समझौते के तहत सुग्रीव को किष्किन्धा का राजा बनाया गया और बाली का पुत्र अंगद असन्तुष्ट होकर कोई उत्पात न करे इसलिए उसे युवराज घोषित कर दिया गया।

...सुग्रीव ने जीवन में पहली बार सत्ता पायी। अतः वीर भोग्या वसुन्धरा का सरल भाषा में अनुवाद करते हुए, कि राजा जो है वह वीर है और वसुन्धरा पर रहनेवाले सभी जीव-जन्तुओं को भोगना उसका अधिकार है, सुग्रीव भलीभाँति राजधर्म का निर्वाह करने लगा। एक दिन बाली की पत्नी तारा, वैधव्य शोक से उबरते हुए सुग्रीव के सामने से हो गुजरी। चूँकि इसके पूर्व बाली के पद प्रहार को संज्ञान में रखते हुए, सुग्रीव ने कभी तारा को आँख भरकर नहीं देखा था, किन्तु अब राजा होने के नाते सुग्राव ने राजधर्म के अनुसार तारा को अपने रनिवास में स्थान प्रदान किया।

वर्षा प्रारम्भ हो गयी। शान्त, सरल चित्त बालकों की भाँति किलोल करते हुए बांदल..घिर-घिर आये बदरा, होते हुए..झूम-झूम मृदु गरज गरज घनघोर हो गये। उधर सुग्रीव था कि 'सावन के सुहाने मौसम में इक नारि मिली बादल-जैसी' गुनगुना रहा था। सत्ता-सुख अनिर्वचनीय होता है, विशेषकर जब वह निर्वाचन के झंझट में पड़े बगैर मिला हो।

बहरहाल, छोटे भ्राता लक्ष्मणजी चार महीने की बरसात तो बड़े भइया से वर्षा तथा उससे जुड़े नीति-अनीति-सम्बन्धी प्रश्नों पर प्रवचन सुनते हुए झेल गये। पर आसमान साफ होते ही उठाया धनुष.. (और बाण भी) और पहुँच गये किष्किन्धा, जहाँ सुग्रीव अपनी पूँछ उठाये रासरंग में मस्त था। लखनलाल ने भृकुटी तानकर देखा... पर यह क्या? भृकुटी सिकुड़कर भृकुटि हो गयी...। सुग्रीव तारा के साथ नृत्यरत था। अब भाभी के साथ नृत्य करना कोई बुरी बात नहीं है, लेकिन यह नृत्य तो बड़ा अंग्रेजी किस्म का था। लक्ष्मण अपने मन में भयानक अन्तर्द्वन्द्व लिये शान्तिपूर्वक लौट आये...।

बेहद रुष्ट, गम्भीर, रंगहीन, गन्धहीन, स्वादहीन, किन्तु ज्वलनशील मुद्रा में प्यारे लखन को देखकर अन्तर्यामी राम ने स्नेहसिक्त स्वर में पूछा...क्या हुआ लखन...? सुबह-सुबह कहाँ निकल गये थे? लखन ने उल्टे ही प्रश्न किया...भ्राता

एक प्रश्न मेरे अन्तर्मन को व्यथित कर रहा है। यदि छोटे भाई की पत्नी, पुत्री के समान है जैसा कि आपने बाली वध के समय उवाचा था, तब तो यह सुग्रीव जो है वह बाली से भी बड़ा दुष्कृत्य कर रहा है। बल्कि मेरा तो मन कर रहा है कि, इस सुग्रीव को भी मारकर हनुमान को ही किष्किन्धा का राजा बना दिया जाय...।

समीप खड़े हनुमान ने चिहुंककर लक्ष्मण की ओर बलिहारी हो जानेवाली नजरों से देखा। राम मुस्कुराये..देवतागण बड़ी बेचैनी से इसी क्षण की प्रतीक्षा कर रहे थे, सो बचे-खुचे फूल भी बरसा दिये। राम ने सौजन्य पूर्ण स्वर में कहा...हे लखन, समरथ को नहीं दोष गुसाई। राजा समर्थ है, उसे कोई दोष नहीं होता...यह सब राजनीति है, जाओ और धनुष की प्रत्यंचा ठीक करो...यही वीरोचित धर्म है।

ऐसे परम सुख देनेवाले वचन सुनकर लखन भाव विह्वल हो उठे...। अश्रुपात पर्याप्त मात्रा में होने लगा। भगवान् के श्री चरणों में सादर प्रमाण कर वे धनुष की ओर बढ़ गये..।

(2)

विशालकाय, भव्य शिविरों की पाँत के मध्य में एक केन्द्रीय शिविर..कन्दीलों का प्रकाश...और उस प्रकाश में दीप्तिमान् कुछ चिन्तामग्न चेहरे...।

यह पाण्डवों का सभा शिविर था। युधिष्ठिर, अर्जुन, भीम, नकुल, सहदेव...और उनके मध्य में बैठे थे कूटनीति, रणनीति, अध्यात्म, दर्शन और योग के महाज्ञाता कृष्ण...। सबके चेहरों में चिन्ता स्पष्ट थी।

...."एक बात बिलकुल स्पष्ट है कि," ....अर्जुन ने मौन भंग किया..."यदि आचार्य द्रोण की कुछ व्यवस्था नहीं की गयी तो समझिये कि हम युद्ध हार चुके...।"

...कृष्ण मुस्कुराये।..और मुस्कुराये...और भी मुस्कुराये..। वहाँ कोई गोपियों का दरबार तो था नहीं, सबके सब महारथी, दिग्गज रणयोद्धा...फलतः किसी ने मुस्कुराहट को खास गम्भीरता से नहीं लिया। ऐसा देखकर कूटज्ञ कृष्ण ने अपनी मुस्कुराहट बिना किसी शर्त के वापस ले ली।

..."मुस्कुराने से काम नहीं चलेगा केशव।" गाण्डीवधारी ने क्रोध में वशीभूत होकर कहा..."जैसा कि मैंने कहा..यदि आचार्य द्रोण..."

"तुम अधीर बहुत जल्दी हो जाते हो पार्थ...।" कृष्ण इस बार मुस्कुराये नहीं..."धर्मराज, अर्जुन को समझाइये कि युद्ध अधीरता से नहीं जीते जाते!"

"तो क्या बत्तीसी निकालकर जीते जाते हैं?"...भीम ने पूछा।

"तुम तो बचपन से ही गुस्सैल हो भीमसेन!"..(इस बैल के मुँह कौन लगे) कृष्ण ने कहा, फिर धर्मराज की ओर दृष्टिपात करते हुए सौजन्यपूर्ण स्वर में बोले...यदि आप सहयोग करें तो समस्या का समाधान निकल सकता है...।

"आज्ञा दें भगवन्!" युधिष्ठिर ने विनम्रतापूर्वक हाथ जोड़ लिये।...तदनन्तर कृष्ण, युधिष्ठिर को लेकर गोपनवार्त्ता कक्ष में चले गये।

...अगले दिन का युद्ध प्रारम्भ हुआ। हाथी, घोड़ों की तुमुल ध्वनि..बाणों की वर्षा और रक्त के छींटों की मनोहारी छवि उपस्थित हो रही थी (यह उस कमेण्ट्री की शब्दावली थी, जो उधर हस्तिनापुर में संजय, धृतराष्ट्र को लाइव टेलीकास्ट के दौरान प्रयुक्त कर रहे थे)। अचानक जो दृश्य संजय के दृष्टिपटल पर प्रोजेक्ट हुआ, उसे देखकर संजय भी चौंक पड़े। महागुरु द्रोणाचार्य के समक्ष, युधिष्ठिर का आना...समानान्तर होकर द्रोण से कुछ बुदबुदाकर कहना...द्रोण का शोकमग्न हो, धनुष रख देना...उधर द्रुपद के पुत्र का, शोकमग्न द्रोण की ओर तलवार उठाकर बढ़ना..और फिर..! वहाँ सिर्फ द्रोण का सिरविहीन धड़ था। एक क्षण के लिए कमेण्ट्री, रोककर संजय भी स्तब्ध रह गये। पर सत्य ही था..होनी को कौन टाल सकता है। पाण्डवों के केन्द्रीय शिविर से उद्घोषणा जारी थी...हम सब के पूज्य आचार्य द्रोण वीर गति को प्राप्त हुए हैं..आज के शेष युद्ध को विराम देने की घोषणा की जाती है, यदि कौरव तैयार हों तो...!

युद्ध विराम हो गया। दोनों सेनायें अपने-अपने शिविरों की ओर लौटने लगीं। सूर्य भी इस रोचक प्रसंग को मुड़-मुड़कर देखते हुए अन्तर्धान हो गया। दोनों ओर के योद्धागण आपस में बतकही करते हुए एक-दूसरे की कुशलक्षेम पूछने लगे।

उधर रात्रिकालीन सभा में समवेत पाण्डुपुत्र...और कृष्ण, सभी हतप्रभ किन्तु कृष्ण के चेहरे पर हलकी मुस्कान...और युधिष्ठिर के चेहरे पर हलकी गिल्टी-कान्शेसनेस...!

जैसा कि स्वाभाविक था, प्रथम शंका गदाधारी भीम की ओर से ही उठी..."हे गीतोपदेशक! आचार्य द्रोण-जैसे धनुर्धर को धृष्टद्युम्न-जैसे छुटभैये (महा?) रथी ने कतर दिया...यह बात कुछ हजम नहीं हुई!"

कृष्ण का तीव्र विचार हुआ कि इस गदाधारी के मुँह पर एक हाजमोला की शीशी दे मारें। बड़ी मुश्किल से उन्होंने स्वयं को संयत किया और धर्मराज की ओर संकेत करते हुए बोले...मैं तो निमित्त मात्र हूँ, जो कुछ किया...धर्मराज ने किया। यह कहकर कृष्ण ने सारी योजना का खुलासा सदन के समक्ष कर दिया।

सारी बातें सुनकर भीम भड़क उठा..." स्वयं को धर्मराज कहते हुए शर्म नहीं आती? आपने आचार्य से झूठ बोला कि उनका पुत्र अश्वत्थामा मारा गया, जबकि उधर अश्वत्थामा छुट्टे साँड़ की तरह पाण्डव सेना को कतर रहा था...उधर पुत्र-शोक में ध्यानमग्न एक बूढ़े आदमी को धृष्टद्युम्न ने उड़ा दिया। यह सब-कुछ आपके एक छोटे-से झूठ के कारण हुआ है...धिक्कार है आपको!..धिक्कार है..!!"

इस प्रकार चार-छह बार धिक्कारकर, भीमसेन जुगाली करते हुए भैंसे की तरह फेन छोड़ते हुए चुप हो गया। उधर युधिष्ठिर (जिन्हें द्रौपदी को दाँव पर लगाते समय भी भाइयों ने नहीं धिक्कारा था) गिल्टी-कान्शेसनेस को और ठीक से ओढ़ते हुए, सिर झुकाये बैठे रहे।

ऐसा तनावपूर्ण वातावरण देखकर भगवान् कृष्ण ने अपने भगवानी लबादे को झोले से निकालकर पहना...सुदर्शन चक्र जेब से निकालकर उँगली पर फिक्स किया, उँगलियों के पीछे से आस्तीन में होते हुए, ज़ेब तक पहुँच रहे पतले तार से जुड़ी बैटरी को ऑन किया, फलतः सुदर्शन चक्र घूमने लगा..फिर भगवान् के मुखारबिन्द से इस प्रकार गम्भीर वाणीपात होने लगा।...

"पाण्डु पुत्रो! सत्य सदैव वह नहीं है, जो वह दिखता है। धर्मराज असत्य भाषण के दोषी नहीं हैं, वह सिर्फ हकलाने के दोषी हैं! उन्होंने द्रोण से स्पष्ट कहा था कि अश्वत्थामा मारा गया..आदमी या हाथी। द्रोण तो महज अपने बहरेपन में मारे गये, उन्होंने पूरी बात सुनी ही नहीं। जबकि अश्वत्थामा नाम का हाथी सचमुच मारा गया है...आपमें से जिसको भी शंका हो युद्धभूमि में जाकर देख सकता है। शोक स्थिति से बाहर आओ और देखो कमबख्तों...आचार्य के दिवंगत होते ही हम पचास प्रतिशत युद्ध जीत चुके हैं!"

ऐसे प्राणयुक्त, शीतल और कर्णप्रिय वचनों का श्रवण कर, पाण्डुपुत्र भाव-विह्वल हो उठे। सब एक स्वर में कृष्ण के नाम का चीत्कार कर उठे। अचानक कृष्ण को अपने चरण-कमलों में तीव्र पीड़ा का भान हुआ...तो देखते क्या हैं कि, गदाधारी भीम अपने भारी मस्तक को उनके 'कमलों' पर पटके जा रहा है। उसे उठाकर गले लगाने के बहाने किसी प्रकार अपने चरणों को मुक्त कराते हुए कृष्ण ने झिड़का...जाओ अब कल के युद्ध की तैयारी करो। और सभी लोग कल के युद्ध हेतु अपना धनुष, तूणीर और कवच साफ करने चल पड़े...।

●

चीलर

जिक्र शुरू करने से पहले बता दूँ कि यह थीम मुझे छत्तू भाई ने दी थी। छत्तू भाई पुराने करीबी हैं, और मस्त आदमी हैं। सरकारी नौकरी में हैं...ईमानदार हैं, इसीलिए कम लोग जानते हैं। बहरहाल मैं उन्हें तब से जानता हूँ जब वे ईमानदार नहीं थे...मेरा मतलब है जब वे सरकारी नौकरी में नहीं थे। होता दरअसल यह है कि, ईमानदारी का ताल्लुक सरकारी नौकरी से ही है। मैं अपने अनुभव से जानता हूँ कि किसी ऐसे आदमी की ईमानदारी की शायद ही कभी कोई चर्चा हुई हो जो पेशे से किसान हो, या फिर जरा सोचकर देखिये...कितना अजीब-सा लगेगा यह कहना कि... अच्छा...फलाँ? हाँ साहब वो नुक्कड़ पर पान की दुकान करते हैं, बड़े ईमानदार हैं...पैसे दो, पान हाज़िर। एक पैसे की घूस गवारा नहीं है उन्हें। या फिर,...हाँ वो? किताबों की दुकान में काउण्टर मैन हैं...डेड ऑनेस्ट हैं साहब, किताब खरीदिये एकदम प्रिण्टेड रेट पर...एक भी पैसा ऊपर नहीं। अजी साब ईमानदारों की कमी नहीं है इण्डिया में।

मुख्तसर यह कि, यदि ईमानदार होना चाहो तो सरकारी नौकरी ज्वाइन करो। वरना किसी दूसरे पेशे में लाख ईमानदार रहो...कोई पूछनेवाला नहीं है। पर हमारा ताल्लुक ऐसे ईमानदारों से नहीं है, सिर्फ उनसे है जो अपने और अपनों के लिए पूरी तौर पर ईमानदार हैं। बेईमानी वे हमेशा सिर्फ दूसरों से करते हैं। और उन दूसरों से चूँकि हमारी कभी मुलाकात नहीं होती, लिहाजा हमें इन महाशयों की गहराई का अन्दाजा नहीं लग पाता।

मेरे एक जाननेवाले हैं, जो एक बड़े सरकारी पद पर हैं। किसी पहचानवाले के लिए मैंने जब उनसे नौकरी दिलवाने की सिफारिश की तो सबसे पहले उन्होंने मेरे कान के लगभग अन्दर घुसकर पूछा..

...कोई खास है क्या?

...जी ? खास मतलब...?

...मतलब को मारो गोली, कोई अपना है क्या?

...हाँ अपना ही समझिये। पहचानवाला है...।

...अमाँ यार तुम भी...कोई घर-परिवार का आदमी तो नहीं है?

...नहीं, घर का तो नहीं...

...तब ठीक है। तुम तो जानते हो कि मैं कुछ लेता नहीं..हाँ ऊपर देना पड़ता है।

...बात करूँगा...मैंने कहा।

पहचानवाला राजी हो गया। फोर्थ क्लास की नौकरी थी, मिल गयी। एक दिन पता चला कि दोनों सस्पेण्ड हो गये। फोर्थ क्लासवाले भी और बड़ेवाले भी। पता चला कि उसी पोस्ट पर उन्होंने तीन-चार और भी लोगों का बयाना लेकर सबको नियुक्ति-पत्र दे रखा था, सो इन्क्वायरी बैठ गयी। मुझे पूरी बात पता चली तो छत्तू भाई का जुमला याद आ गया...सब साले चीलर हैं!

यकीनन छत्तू भाई का तमाम चीलरों से पाला पड़ा होगा, तभी वे व्यवस्था के हर हिस्से में एक चीलर देखते हैं। लेकिन पिछले दिनों उन्होंने मुझे एक नया काम सौंप दिया... बोले "यार! चीलर इज नाट अ कीड़ा ओनली, दिस इज अ टेण्डेन्सी। तुम इस पर रिसर्च करो और चीलर को व्यापक रूप से परिभाषित करो।" मैंने कहा कि छत्तू भाई क्यों मेरा खून चूसने पर उतारू हैं...मैं आजकल जरा फुरसत में हूँ तो क्यों आपका सुकून छिना जा रहा है?

छत्तू भाई ने बड़ी दर्दनाक आवाज में तकरीबन आधे घण्टे की एक तकरीर पढ़ी जिसे वे पहले से ही लिखकर लाये थे। इसका सारांश यह था कि वे मुझे अपना छोटा भाई समझते थे, विशेषकर इस बिन्दु पर उनकी तकरीर में करीब सत्रह बार इस पर अलग-अलग तरीके से बल दिया गया था फिर तकरीर के अन्त में भाई से बिछड़ा भाई...दोस्त दोस्त न रहा...सुना है कि तू बेवफा हो गया, जैसे कई मशहूर कलाम तरन्नुम में प्रस्तुत किये गये थे जो कि पूरी तकरीर का सबसे प्रभावोत्पादक भाग था और जिसे और आगे न सुनने की बड़ी प्रबल इच्छा होती थी। मैंने उन्हें बीच में ही रोकते हुए आत्मसमर्पण कर दिया जिसे सुनकर वे बड़े प्रसन्न हुए और इस प्रसन्नता के सम्बन्ध में कुछ और कलाम सुनाने चाहे। मैंने उन्हें जल्दी से बताया कि मैं अभी से रिसर्च के काम में लग जाना चाहता हूँ अन्यथा

देर हो जायेगी। अन्ततः उन्होंने शरमाते हुए इसके पीछे निहित उद्देश्य का भी खुलासा कर दिया कि वे एक सम्प्रदाय बनाना चाहते थे जिसका नाम होना था...ए.ए.सी. अर्थात एक्शन अगेंस्ट चीलर्स! उनके एक वरिष्ट मित्र ने अपने अध्ययन काल में एक उन्मुक्त सम्प्रदाय बनाया था और कालान्तर में वे सचमुच काफी उन्मुक्त हो गये थे।

बहरहाल, अगले दिन से मैंने रिसर्च प्रारम्भ कर दी। जाहिर है कि इसकी शुरुआत प्राणिविज्ञान से ही होनी थी। मैंने चीलरों के गुण-दोष, जाति-प्रजाति का ब्यौरेवार अध्ययन किया। विभिन्न प्रकार के चीलरों की प्रजातियों के चित्र इकट्ठा किये, और उनकी अलग-अलग फाइलें तैयार कीं। अगले हफ्ते ही मैंने पूरी रिपोर्ट छत्तू भाई के सामने रख दी। पाठकों की सुविधा के लिए रिपोर्ट हूबहू प्रस्तुत की जा रही है—

...चीलर एक जन्तु नहीं प्रवृत्ति है। उसके खून पीने के विभिन्न तरीकों (जो कि पीछे परिशिष्ट में संलग्न हैं) को पढ़कर मानव समाज भयाक्रान्त हो सकता है। अतः इसे बच्चों के सामने न पढ़ें। चीलर जो हैं, वे हमारी आराम दायक व्यवस्था की चादर में ही स्थान स्थान पर छिपे होते हैं जिन्हें ढूँढ़ना बड़ा ही दुष्कर बल्कि लगभग असम्भव कार्य है। इनके प्रकारों का विवेचन करने से पूर्व ही मैंने अपने भूमिगत हो जाने की पर्याप्त व्यवस्था कर ली है, क्योंकि ये बड़े प्रतिक्रियावादी टाइप के होते हैं। जब तक आप शान्त रहते हैं, तब तक ये बड़े प्यार से आपका खून चूसते हैं, लेकिन आपके सतर्क हो जाने पर ये आपको काट खाने से भी परहेज नहीं करते।

...इतना पढ़कर छत्तू भाई ने बड़ी प्रसन्नतापूर्वक मुझे देखा, और फिर आगे पढ़ना शुरू किया...। सबसे पहले हम चीलर प्रजाति का विवेचन करेंगे। एक बड़ा चीलर, न केवल अपने से छोटे चीलर की कण्ट्रोलिंग अथॉरिटी होता है वरन स्वयं उसका भी खून चूसने में माहिर होता है। प्रश्न यह उठता है कि आखिर इस छोटे चीलर के पास खून आता कहाँ से है? तो विस्तृत शोध के पश्चात् ज्ञात हुआ है कि, रक्त ग्रहण की एक सुव्यवस्थित हॉयरार्की है और इस हॉयरार्की का सबसे अन्तिम चीलर इसे गैर चिलरिस्टिक प्रजातियों से ग्रहण करता है।

एक मजेदार बात यह है कि, समस्त चिलरिस्टिक समाज उस माफिया संगठन की भाँति कार्य करता है जिसके सदस्य स्वयं एक-दूसरे को पहचान नहीं

सकते, क्योंकि सब-के-सब मास्क लगाये रहते हैं। अपने अध्ययन के दौरान मैंने पाया है कि समस्त चीलर आदमी के मास्क में होते हैं और जब तक वे किसी दूसरे चीलर का डंक ही अपने शरीर पर घुसते हुए स्पष्ट रूप से न देख लें, तब तक वे यह निश्चय नहीं कर सकते कि अमुक मास्कधारी चीलर है या नहीं।

चीलर बड़ा ही जीवटवाला प्राणी है। खून पीना यह अपना अधिकार समझता है, और अब तो इसे चिलरिस्टिक समाज की परम्परा मान लिया गया है। यह परम्परा इतनी आगे जा चुकी है कि अपने अध्ययन के दौरान कई ऐसे चीलर देखे जो गैर चिलरिस्टिक लोगों से झगड़ा कर रहे थे कि वे उन्हें अपना खून पीने से क्यों रोक रहे हैं? उनका कहना था कि प्रति गैर चिलरिस्टिक व्यक्ति के दो औंस खून का कोटा उन्हें अपनी एसोसियेशन की तरफ से मिला हुआ है इसे वे कैसे रोक सकते हैं। यदि इस कार्य में बाधा पहुँचायी गयी तो उन्हें काट खायेंगे। ऐसे झगड़ालू चीलर खासकर आर.टी.ओ.आफिस, रजिस्ट्री आफिस और थानों में ज्यादा देखे जाते हैं।

बदलते दौर के साथ चीलरों के खून पीने के तरीकों में भी पर्याप्त आधुनिकता आयी है। निम्नस्तरीय चीलर यद्यपि अभी भी चिपककर ही खून पीने में विश्वास रखते हैं लेकिन अपेक्षाकृत उच्चस्तरीय चीलर, अन्य साधन भी अपनाने लगे हैं। कुछ चीलरों की माँग होती है कि चूँकि चिपककर खून पीने की परम्परा थोड़ी पुरानी हो गयी है अतः आप स्वयं ही अपना खून निकालकर, उसे एक शीशी में भरकर निजी सचिव को दे दें। लेकिन निजी सचिव नाम का यह चीलर भी, शीशी संग्रहण का यह कार्य मुफ्त में नहीं करता, बल्कि शीशी देनेवाले गैर चिलरिस्टिक जन्तु के शरीर में चिपककर अपने हिस्से का एक औंस पी ही लेता है।

समस्त चीलर एक ही स्पेशीज के होते हुए भी, अलग-अलग विभागों के रूप में संगठित होते हैं। इनकी विनिमय-प्रणाली बड़ी सुचारु होती है। प्रत्येक छोटा चीलर, बड़े चीलर के साथ इस चिलरिस्टिक समझौते से बँधा होता है कि, तुम मुझे चूस सकते हो बशर्ते कि तुम मेरी चूषण प्रक्रिया को बिना बाधित हुए चलने दो। इस प्रकार सभी रक्तातुर चीलर, पियो और पीने दो के सिद्धान्त का अत्यन्त प्रतिबद्धतापूर्वक पालन करते हैं।

रचनाकारी चीलर सबसे भयावह प्रजाति मानी गयी है। वैसे दिखने में ये बहुत ही सीधे सादे और बौद्धिक प्रकृति के प्रतीत होते हैं, लेकिन सावधान! यदि

इनके पास कोई डायरी अथवा झोलानुमा चीज हो तो सतर्क रहें, क्योंकि खून पीने के सारे औजार ये इन्हीं चीजों में छिपाये रखते हैं। इनकी आन्दोलनकारी प्रवृत्ति का अन्दाजा इसी से लगाया जा सकता है कि, ये बजाय छिप-छिपकर खून पीने के, बाकायदा एक बड़े सम्मेलन का आयोजन कर, लोगों की भीड़ इकट्ठी करके, खुलेआम माइक बँधवाकर, रातभर इकट्ठी भीड़ का खून पीते हैं। अब तो इनकी प्रवृत्तियों का और भी विस्तार हुआ है। अब वे अपने उद्देश्यों के लिए रेडियो और टी.वी. का इस्तेमाल भी करते हैं जिसका एक स्पष्ट लाभ यह है कि, यदि कोई व्यक्ति उस सम्मेलन में जाने से बच गया हो तो घर में घुसकर उसके ड्राइंगरूम या बेडरूम में बैठकर रक्तपान किया जा सकता है।

अध्ययन के दौरान, जार में बन्द एक छोटे-से रचनाकारी चीलर को बाहर निकालने पर उसने बड़ी मासूमियत से, बिना किसी पूर्व सूचना के मुझे एक कविता सुनायी जो इस प्रकार थी—

वह चला जा रहा है,
उल्टे पैरों...(यानी हाथ से),
हाथी की तरह,
चिड़ियों की मुस्कान लिये,
बिना उड़े...
पत्थरों की खोह के बीच से...
निकलती एक नदी की तरह।
नदी, जो मैं हूँ...
चिड़िया जो पंछी है,
(पंछी का मतलब शरीरिक सम्बन्ध नहीं है...)
और हाथी....??

कविता सुनाकर वह फिर से जार में जाकर बैठ गया। जब मुझे चक्कर आ चुके तो उसने जार के बाहर थोड़ा-सा झाँककर कहा..एक और है, बस..। और मैं बेहोश हो गया।

कुछ नितान्त निर्दोष किस्म के चीलर जिनके पास मजबूत डंक नहीं होता, खून पीने के लिए एक मशीन का इस्तेमाल करते हैं। सामान्य भाषा में इस चीलर

को ही खून पीने की मशीन कह दिया जाता है। जो चीलर सोफिस्टिकेटेड टाइप की मशीनों का प्रयोग करते हैं वे आपका खून पीकर चले जाते हैं और आपको पता भी नहीं चलता। हाँ इसके लक्षण जरूर दिखने लगते हैं, मसलन सिर में साँय-साँय होना...थोड़ी कमजोरी-सी महसूस होना...चीलर के जाने के बाद, एकाध घण्टे तक किसी से बात करने की इच्छा न होना...इत्यादि।

कन्वर्टेड चीलर नाम की एक विशिष्ट प्रजाति का उल्लेख भी यहाँ समीचीन होगा। वे चीलर जो मूल रूप से चीलर नहीं रहे होते, और शाकाहारी समुदाय से बिलांग करते हैं, व्यवस्था की चादर में चीलर समुदाय के साथ काम करते-करते उन्हें भी रक्त पिपासु होना पड़ता है। जैसे एक व्यक्ति जो ड्रैकुला का शिकार होने के बाद खुद भी ड्रैकुला बन जाता है कुछ-कुछ वैसे ही...। समयाभाव के कारण मैं चीलरों की अन्य वैश्विक प्रजातियों का अध्ययन नहीं कर सका, इसका मुझे खेद है किन्तु भारत की विभिन्न प्रजातियों को अपने अध्ययन में भरसक समेटने का प्रयास किया गया है। पाँच मुख्य प्रजातियों की एक अनन्तिम सूची आपकी सेवा में जारी की जा रही है—

प्रथम—रचनाकारी चीलर

द्वितीय—नेतृत्वकारी चीलर

तृतीय—लोक मालिक चीलर

चतुर्थ—धरचिपक चीलर

पंचम— ....

इस रिपोर्ट के प्रकाशित होने तक मैंने पाँचवीं श्रेणी रिक्त रखी हुई है। यदि ये रिपोर्ट प्रकाशित हो जाती है तो मैं इसमें 'प्रकाशक' श्रेणी नहीं भरूँगा, जैसा कि मैंने सोच रखा है। तब फिर मैं छत्तू भाई की बात मान लूँगा, जिसके लिए वे मुझ पर काफी दिनों से जोर डाल रहे हैं और फिर मैं इसमें 'ब्लाक प्रमुख' भर दूँगा। इति रिपोर्ट :

•

टोकेन हैगा जी...!

इधर एक अरसे से कुछ अजीब-से सवाल मुझे परेशान करने लगे हैं। कुछ लोगों की राय है कि, मुझे किसी मनोवैज्ञानिक को दिखा लेना चाहिए। ये वो लोग हैं जो मेरी चल-अचल सम्पत्ति के सारे गोपनीय अपगोपनीय राज जानते हैं, और उस वसीयत के बारे में भी, जिसमें मैंने लिख छोड़ा है कि यदि मैं पागल हो जाऊँ तो मेरी सारी चल-अचल सम्पत्ति मेरे यार दोस्तों में बाँट दी जाये।

बहरहाल, इन अजीब से सवालों से आजकल काफी बेचैन रहता हूँ। यार-दोस्त कहते हैं कि, बेचैन होने से कोई फायदा नहीं, शान्ति के साथ सो जाओ। पर जब मैं घर में काम करनेवाली शान्ति बाई के साथ सोने की सोचता भी हूँ तो मेरी बीबी चढ़ बैठती है... "चार-चार बच्चों के बाप हो गये, शर्म नहीं आती तुम्हें ऐसा सोचते हुए?" अब भला आप ही बतायें कि चार बच्चों का बाप क्या अब सोने का भी हकदार नहीं रहा? चार बच्चों के बाप की आज यह हालत है, तो जरा सोचिये कि अगर गाँधी जी आज जीवित होते तो वे तो अनिद्रा के शिकार हो गये होते। वे तो पूरे राष्ट्र के बाप थे...जैसे इन्दिरा जी पूरे राष्ट्र की माता थीं...।

महात्मा गाँधी और इन्दिरा गाँधी में आपने एक कॉमन बात महसूस की होगी, वे दोनों हीं गाँधी थे। जो मौलिक अन्तर है वह यह है कि, उनमें से एक पुँल्लिग है दूसरा स्त्रीलिंग। कौन क्या था इसका फैसला मैं आप पर छोड़ देता हूँ। पर एक चीज पर मुझे फिर आपत्ति है, मुझे लगता है कि स्त्री के साथ लिंग जोड़ देना न केवल भाषाई दुराचार है बल्कि प्राकृतिक नियमों के भी विरुद्ध है। पर क्या करें? ऐसी विसंगतियाँ हमारी भाषा में ही नहीं, संस्कृति में भी विद्यमान हैं। अब यूँ ही देखिये, जिस देश में यौन-संकेतों तक को बुरा समझा जाता है, उसी देश में कुंवारी से लेकर वृद्धाएँ तक शिवलिंग की पूजा करती हैं, बल्कि इस कार्य कुँवारियों का प्रतिशत कुछ अधिक ही देखा गया है। विवाहिताओं को ही देख लें...पति को परमेश्वर मानती हैं, और लिंग शिव का पूजती हैं...वह भी विधिवत्।

ये वही विवाहिताएँ हैं, जो खजुराहो की क्लासिकल मूर्तिकला को देखकर छी-छी करती हैं। और जब मैं कहता हूँ कि भई ये हो क्या रहा है? तो मुझे लोग कहते हैं कि किसी मनोवैज्ञानिक को दिखा लो।

'मनौवैज्ञानिक' शब्द शायद पागलों के डाक्टर हेतु प्रयुक्त होनेवाला एक तत्सम शब्द है, ताकि मुझे बुरा न लगे। लेकिन बुरा न लगने से कहाँ-कहाँ बचायेंगे आप मुझे? भाई लोगों ने अयोध्या में एक जर्जर इमारत को खोद-खनकर तम्बू गाड़ दिया, मुझे बुरा लगा। गोधरा में आग लगा दी, मुझे बुरा लगा। उधर दाउद भाई को अन्तर्राष्ट्रीय आतंकवादी घोषित कर दिया गया...(करतल ध्वनि!) और आप कहते हैं कि मुझे बुरा न लगे? क्या कोई बतायेगा कि अमेरिका, फ्रान्स जर्मनी या ब्रिटेन में दाउद ने कितनी आतंकी कार्यवाहियों को अंजाम दिया है? फ्रान्स में तो भला मच्छर हैं ही नहीं, लेकिन अमरीका में अगर एक मच्छर भी मार देते गुरु, तो खुद पाकिस्तान आपका सिर थाली में सजाकर बुश की डाइनिंग टेबल पर पेश कर देता। और यही काम आप इजराइल में किये होते तो शायद आपको करांची में ही उल्टा खड़ाकर...। पर भारत की बात और है, वह विश्व गुरु है, वह महान् है, सहनशील है, अहिंसक है, और मैं तो कहता हूँ कि वह पुरुष ही नहीं...मेरा मतलब है महापुरुष है। बाइ द वे अन्तर्राष्ट्रीयकरण आप कर किसका रहे हैं, आतंकवाद का या दाउद का? और घोषणा तो ऐसे कर रहे हैं आप, जैसे नोबेल प्राइज दे रहे हों....।

एक बात गाँठ में (या जहाँ कहीं भी आप चाहें) बाँध लें। एक आम हिन्दुस्तानी दिल का बड़ा कमज़ोर होता है, और दिल के लेन-देन में भी। इधर आपको दिल दिया नहीं कि उधर दिल्ली आपकी। एक बार दिल से आपको दिल्ली बुलाया था मुशर्रफ साहब! पर आपने अपनी 'जरूरत' के मुताबिक आगरा आना पसन्द किया। चलिये वो भी ठीक, पर आगरे से लौटने के बाद फिर वही पुरानी प्राब्लम शुरू...। पर हम भी हिम्मत नहीं हारे हैं जनाब! अगली बैठक हम राँची में रखेंगे। अल्लाह से दुआ करें वो सब ठीक करेगा।...और हाँ हुजूर, आपने हमारी संसदीय कार्यवाही देखने कुछ गणमान्य लोग भेजे थे। भला क्यों? वो तो हम वैसे ही दूरदर्शन में लाइव टेलीकास्ट दिखाते हैं। पर आप शायद चाहते थे कि उस प्रसारण में आपके लोग भी दिखें। तो हुजूर वह भी किया हमने। लाइव

टेलीकास्ट दिखाया भाई लोगों का। 'घुसते हुए' भी, और 'निकलते हुए' भी। उनके पास से कुछ ड्राई फ्रूट्स के पैकेट मिले हैं। शायद भाई लोग कुछ देर तक रुकने के मूड में थे। तो क्या हम इतने बेगाने हो गये कि, उन्हें दाना-पानी भी न देते? अरे हुजूर दाना-पानी तो हम कमीने-से-कमीने आदमी को भी देते हैं। और वैसे भी, हिन्दुस्तान में आदमी भूख से नहीं, बदहजमी से मरता है। क्या आगरे के शाही मुर्ग मुसल्लम और टमाटर की ग्रेवी का स्वाद भूल गये हुजूर? और ताज...? क्या उसे भी देखकर हुजूर के मन में कोई खलिस नहीं जगी? कहिये तो आपका भी एक....!

ताज से याद आया, एक मुगलिया बुजुर्गवार ने ताज के गुम्बदों को देख-देखकर अपना दम तोड़ा था। इधर हमारे यहाँ कुछ लोग उसके कॉरीडोर पर ही प्राण त्यागे दे रहे हैं। कुछ निलम्बित, कुछ बर्खास्त, और कुछ सरकार से ही बाहर हो गये। देखा आपने? ये मकबरे भी कभी-कभी क्या गुल खिलाते हैं।

तो भइया लोकतन्त्र है देश में! जिसने लोक लिया तन्त्र उसी का। और मन्त्र यह है कि ज्यादा-से-ज्यादा मन्त्री बनाओ। सबकी सरकार माने सब-के-सब मन्त्री। अयं निजः परोवति, गणना लघु चेतसाम्।

उधर अपनी धरती अपना नारा। जय महाराष्ट्र, जय गुजरात, जय बंगाल, जय उड़ीसा, जय आन्ध्रा। जय हिन्द केवल पुलिसवाले बोलते हैं, वह भी आदतन। बेवकूफ हैं, खाते प्रान्त की हैं और गाते हैं केन्द्र की। जो नहीं गाते वो पूरी नौकरी में रौरव या कुम्भीपाक भोगते हैं....।

संसद् में एक नया कानून पास हुआ है, 'सभी लोग सत्य बोलेंगे।' करतल ध्वनि...सत्रावसान। एक और कानून पास हुआ है..."अपराधी भाई चुनाव नहीं लड़ सकेंगे" ... (परन्तु-बाहर से! अन्दर से न लड़ने का कोई क्लाज नहीं डाला गया...भूल गये)...आम, सहमति। सबको अन्दर से ही लड़ना है...विरोध कैसा? एक और भी है भाई साब!..."स्त्रियों के साथ छेड़छाड़, यौन संकेत, उद्दीपन, दो अर्थी संवाद आदि दुराचरण की श्रेणी में गिने जायेंगे।" ...आगे बैठी महिलाओं के नितम्ब थपथपाकर स्वागत..। यत्र नार्यस्तु पूज्यन्ते, अहा!

बाहर निकलकर देवतागण पूछते भये, अगर काट लें तो? तो क्या...न संकेत, न उद्दीपन, न दोअर्थी संवाद, कोई दिक्कत नहीं। देवता लोग प्रसन्न हुए

और जयशंकर प्रसाद को याद किया... ''नारी तुम केवल श्रद्धा हो!'' ब्रह्मा ने फूल बरसाये।

लेकिन आप चिड़चिड़ाते क्यों हैं? जरूर खून की कमी है। एनिमिक हैं आप! क्या गलत कर रहे हैं वे लोग? अपने ही हैं सब। संविधान के दर्शन से बाहर तो नहीं जा रहे? थोड़ा लिबरल होइये साब! अब आप देखिये, आपका संविधान ही तो है...''भारत का एक राष्ट्रपति होगा!''... हैं जी? होगा..जरूर होगा। फिर?... ''वह भारत की समस्त कार्यपालिका शक्ति का प्रधान होगा...'' (होगा-वोगा नहीं जी, सब प्रोपेगण्डा है)...भारत के समस्त कार्यपालक कार्य, निविदाएँ, करार, उसके नाम से होंगे... (नाम से!)। समझ गये आप? पर वास्तविक कार्यपालिका प्रधानमन्त्री में निहित है। सिद्धान्त और व्यवहार का यह जो अन्तर है, वह मेरा या आपका किया धरा तो है नहीं...यह तो लेखक की बात है। ढेर-सारे गण्यमान्यों के अनुभव निचोड़, हमारी सभ्यता, संस्कृति और इतिहास की मिली-जुली विरासत है..''एक होगा... पर नहीं होगा... वह जो होगा वह वही होगा पर नहीं होगा...वास्तव में यह होगा...।'' और आप कहते हैं कि मैं कनफ्यूज हूँ? और आप?

कहीं आप बुरा तो नहीं मान गये? भाई मैं कोई मजाक नहीं कर रहा हूँ। एक आम हिन्दुस्तानी, सिर्फ मजाक का बुरा मानता है। सच्ची बात उसे कभी बुरी नहीं लगती। आपने अक्सर दीवार पर लिखा देखा होगा...''देखो गधा पेशाब कर रहा है!'' और वहाँ सचमुच एक गधे को भी हमेशा देखा होगा, पेशाब करते हुए...। मैंने कहा न कि, एक आम हिन्दुस्तानी, सच्ची बात का कभी बुरा नहीं मानता। आजमाने के लिए चाहें तो कभी किसी पुलिसवाले से पूछियेगा... ''क्यों बे! कितना कमा लेता है दिनभर में ?'' तो वह आपको समझा देगा। हैं जी? नहीं समझायेगा? अरे समझायेगा क्यों नहीं? ट्रेनिंग मिलती है उन्हें समझाने की...। आपके दिमाग को छोड़कर, शरीर के लगभग सभी संवेदनशील हिस्सों पर, सलीके से, सप्रयास समझाते हैं वे...बड़ी मेहनत करते हैं इसके लिए वो लोग...। छोड़ते तभी हैं जब आपको सब-कुछ समझ में आ जाय। एक पुलिसवाले सज्जन ने ही, सारे जमाने की पीड़ा अपने चेहरे पर समेटकर बताया था मुझे.. ''अब इधर थोड़ा मानवाधिकार, माननीय न्यायालय ...नहीं तो...क्या बतायें? वो जमाना नहीं

रहा...चूतड़ वही हैं, लाठी वही हैं, हाथ कसमसाते हैं, पर क्या करें, मीडिया...जन सूचना...इनकी माँ की...!" फिर अचानक जैसे वे किसी सदमें से उबरे..."लेकिन क्या समझते हैं आप?..कोई तोड़ नहीं है? कोई रास्ता नहीं है? क्या बात करते हैं आप..अभी देखें...नहीं नहीं देखते जाइये..." उन्होंने हफ्ते भर से बन्द एक हवालाती (जिसकी आमद भी अभी दर्ज नहीं हुई थी) को निकालकर, एक मोटे-से खम्बे मे सामने से दोनों हाथ बँधवा दिये। मुद्रा कुछ यूँ थी कि जैसे हवालाती, बरसों से बिछड़े खम्बे का प्यार से आलिंगन कर रहा हो। फिर एक जांबाज सिपाही ने उसे नंगा कर, कमर से नीचे उभरे हुए दोनों संस्थानों पर एक एक मग पानी इस प्रकार डाला जैसे रुद्राभिषेक कर रहा हो। फिर एकाध घण्टे तक पैरागॉन के नये हवाई चप्पलों की अनवरत वर्षा...।

इधर आत्मविश्वास से लबरेज मुस्कान के साथ वह बता रहे थे..."यह नई ईजाद है! हड्डी-फड्डी चटकने का कोई झंझट नहीं। वैसे भी पीछे का यह पोर्शन, किसी का कम किसी का ज्यादा, उभरा ही रहता है। अगर पेशी के वक्त इसने पैंट खोलकर माननीय न्यायालय को दिखाने की कोशिश भी की तो कण्टेम्ट आफ कोर्ट!" इन्होंने चाय का एक गहरा कश लिया। उनके लम्बे भाषण और इस महान् प्रदर्शन से प्रभावित होकर अनायास ही मेरे दोनों हाथ पीछे कमर के नीचे चले गये। क्या करें, नये आविष्कारों से हतप्रभ तो होना ही पड़ता है।

अच्छा चलिये, पुलिस की बात छोड़िए, पण्डे क्या कम हैं? चाहे पुरी के लम्बोदर हों या प्रयाग के जखड्ड। कश्मीर से कन्याकुमारी तक, लूट पद्धति में भारत एक है। मार्टिन लूथर का झगड़ा तो उन लोगों से था, जो स्वर्ग के लिए आरक्षण कूपन बेचते थे। अब पता नहीं स्वर्ग पहुँचकर, वह कनफर्म भी होगा कि आर.ए.सी. ही मिलेगा। पर अपने यहाँ तो मौके पर ही लाभ लीजिये...प्रत्यक्षं किम प्रमाणम् ! सन्तान नहीं होती? कोई बात नहीं...। काली पहाड़ी के ऊपर स्वामी जंघन्यानन्द विराजते हैं। जो भी स्त्री श्रद्धाभाव से पहुँचकर उनकी जाँघ पर बैठ गयी, उसे अवश्य ही पुत्र रत्न की प्राप्ति होती है। जय हो! सब स्वामी जी की कृपा है...। पति मुहल्ले में बूँदी के लड्डू बाँट रहा है। उधर फिर कोई पतिव्रता, स्वामी जी की जाँघ पर बैठ गयी है। फिर लड्डू खाने के लिए तैयार हो जाओ...सब ईश्वर की माया है। बोलो स्वामी जंघन्यानन्द की जै!

डॉक्टरों ने क्लीनिक बन्द कर दी है। मिसाइलें रुक गयी हैं। परमाणु बम फटने से स्थगित हो गया है। चलती मशीनें रुक गयी हैं। मन्त्रिमण्डल की बैठक स्थगित, संसद का सत्र स्थगित...राष्ट्रीय विज्ञान संस्थान में हाफ डे..। भागो भागो..। प्रो. अण्डफोड़े की बड़ी लड़की जो एम.सी.ए. कर रही है, चहककर मॉम को बताती है...“मॉम! लार्ड गनेशा इज ड्रिंकिंग...।” सुना आपने? गणेश जी दूध पी रहे हैं। वाकई ये तो हतप्रभ करनेवाली बात है। वे तो बूँदी के लड्डुओं के शौकीन थे...ये दूध कब से?...फॉर ऐ चेंज होगा...।

आगरे की एक महिला वकील साहिबा ने दूध की जगह थोड़ी ह्विस्की चटा दी। भगवान् गणेश, समभाव से एक चम्मच का लाइट पैग भी ले गये। वकील साहिबा का तो दावा है कि, चटखारे की आवाज भी आयी थी। भई उनका क्या है, आखिर भोले भण्डारी के ही सुपुत्र ठहरे। फिर वे तो बाल रूप हैं, जो पिला दो पी लेंगे। लेकिन वकील साहिबा, आप तो बड़ी हैं..आपने भी नहीं सोचा? बच्चे की जान लेंगी क्या...?

छोड़िये भी, क्या रखा है मैक्सबेबर की टिप्पणी में। कह रहा था कि भारत अन्धविश्वासों का देश है...और क्या...खिचड़ी...तन्त्र-मन्त्र...सँपेरे...ऐसा ही कुछ बडबड़ा रहा था। लेखकों को तो जन्मजात खुजली होती है, जो भी देखा, सुना, समझा, सही-सही लिख दिया। चलिये माफ भी कर दीजिये इन लोगों को। कसूर तो उस आदमी का है, जिसने कागज बनाया, कलम बनाया..प्रिंटिंग प्रेस के आविष्कारक को भी मत छोड़ियेगा भाई साब!

चलो “हिन्डी .डिवस” मनायें। वेलकम हिन्डी...हिन्डी इज अवर मदर टंग। इट हैज फोर लेग्स..। चलिये चलिये बैठ जाइये आप। हिन्दी पर बोल रहे हैं कि काउ पर निबन्ध लिख रहे हैं। सुनिये...हम बोलते हैं...“हिन्दी हमारी मदर टंग है। हमने अपनी मदर को संविधान में भी टाँग रखा है। नीचे से अंग्रेजी की टेक दे रखी है, क्योंकि माँ वृद्ध है, कहीं गिर न पड़े। जब तक अँग्रजी की मजबूत टेक है, माँ बैठी रहेगी। संस्कृत हमारी नानी है। इसका भी ध्यान रखना है। बुजुर्गों का ध्यान रखना हमारी परम्परा है। हमने जगह जगह वृद्धाश्रम बनवाये हैं। हर जिले में एक नागरी प्रचारिणी है जहाँ एक नागरी प्रचारक बैठता है।”...करतल ध्वनि! बीटिंग रिट्रीट...। जे हिण्डी...जे हिण्ड।

सुना है कि, सरकार स्पेशल टोकेन जारी करने जा रही है। डकैती टोकेन, मर्डर टोकेन, किडनैपिंग टोकेन...। नहीं समझे आप? अच्छा, ऐसे समझिये...आप मोटर बाइक पर जा रहे हैं। चौराहे पर पहुँचते हैं तो देखते हैं कि चेकिंग चल रही है। आपके कागजात तो घर पर रखे हैं पर आपके पास ग्रीन कार्ड है। ...ओये यादव! जाने दे...साब के पास ग्रीन कार्ड है! उधर एक ए.आर.टी.ओ. चेकिंग पर है...दो ट्रक आ रहे हैं, एक आगे एक पीछे। दोनों में दस-दस टन माल ओवरलोड। दृढ़, कर्त्तव्यनिष्ठ मुद्रा में अफसर चिल्लाता है...रोको सालों को। सिपाही खुसफुसाते हैं...साब के रिश्तेदार हैं...साले बोल रहे हैं। रोक तो लिया है पर करना क्या है? आगेवाले ट्रक में तो टोकेन लगा है। ड्राइवर मूँछों पर ताव देकर खड़ा है...टोकेन हैगा जी...! टोकेन? टोकेन क्या?...नये आये अफसर को कुछ पता नहीं है....। "अरे साब, दो हजार रुपये जमा करें, स्पेशल टोकेन खरीदें, विण्डस्क्रीन पर चिपकायें...ओवरलोडिंग माफ! कानून हैगा जी!!"

आगेवाला ट्रक बढ़ गया। पीछेवाले में टोकेन नहीं लगा। सिपाहियों की बाँछें खिल उठीं। दे-दे घुमा के साले को...(आखिर साहब का साला है तो अपना क्यों नहीं?)...रगड़ दे...नहीं निकला कुछ? बन्द कर दें साब, साला घिसा हुआ लगता है।

...बन्द हो गया। बारह हजार रुपये जुर्माना लगेगा तो अकल ठिकाने आ जायेगी हरामखोर की।..."क्या हो गया जी? ऐनू टोकेन नई लित्ता क्या?" बगल से गुजरते हुए ट्रक से एक सरदार जी ने खिड़की से लगभग लटककर पूछा है, उसमें भी बीस टन ओवरलोड है। सड़क का जैसे बलात्कार करता हुआ चल रहा है। पर उससे क्या?...टोकेन लगा हैगा जी!

तो, अब तो कोई एतराज नहीं? लीजिये प्रस्तुत है उ.प्र. पुलिस की एक विशेष टोकेन श्रृंखला..। जनपद स्तर की डकैती के लिए, टोकेन डी-1. कीमत मात्र बीस हजार रुपये मासिक। प्रान्तीय डकैती के लिए...'डी इनसाइड' कीमत चालीस हजार प्रतिमाह। अन्तरप्रान्तीय डकैती के लिए 'डी आउट साइड' कीमत मात्र पचास हजार रुपये।

अब जरा एक दृश्य पर वजा फरमायें। जीपों, कारों पर अत्याधुनिक हथियारों से लैस एक दस्यु दल, डकैती सम्पन्न करके भाग रहा है। भागना, डकैती

के बाद भी एक पवित्र परम्परा है। पीछे-पीछे पुलिस दल...(यह दल भी कितना खुशबूदार शब्द है। हर चीज के साथ जँचता है...पुलिस दल, दस्युदल, राजनीतिक दल, दलदल...!)...पीछा, पीउँ पीउँ सायरन..। कुल मिलाकर शोले जैसा सीन है। पर यह क्या? डकैत दल भागने के बजाय रुक गया है और हाथ के इशारे से दस्युदल के सरदार ने पुलिस दल के मुखिया को बुलाया है। मुखिया और सरदार आमने-सामने...। "जै हिन्द साब जी! भागने और पीछा करने की रस्म पूरी हुई। अब आप जायें, आराम करें...शुभरात्रि!" मुखिया वापस लौटता है। दारोगा ने पूछा है "...क्या हुआ सर? जाने क्यों दिया?" तब मुखिया, सरदार की आवाज में बोलता है..."टोकेन हैगा जी..! डी आउट साइड!"

दृश्य परिवर्तन। एक बड़े-से गोलाकार टेबल के इर्द-गिर्द छह-सात ऐनकधारी विराजमान हैं। बीच में मोटे-मोटे ग्रन्थ रखे हैं...डॉ. भोमिला कापर, तीश्वरीप्रसाद, टिफिनचन्द्रा। किचिर-किचिर मची है। गोल ऐनक लगाये, हाफ पैण्ट में एक ऊदबिलाव-जैसा आदमी, कोने में एक ऊँचे स्टूल पर खड़ा जोर-जोर से चिल्ला रहा है.."पौरव को सिकन्दर पर विजय दिलानी होगी। राष्ट्रीय अस्मिता का सवाल है। लिक्खो सालों कि, सिकन्दर और रावण एक ही वंश के थे। खींच-खाँचकर, पौरव को राम का परनाती निकालो कहीं से।...पृथ्वीराज, संयोगिता को घोड़े पर आगे नहीं पीछे बैठायेगा। बात ये है साहिबान कि, अगर संयोगिता आगे है और चौहान साब पीछे, तो घोड़े की दुलकी चाल से जो दृश्य बनेगा वह बड़ा भद्दा दिखेगा और उससे चौहान साब की चारित्रिक प्रतिष्ठा गिरेगी (जो कि दूसरे की बहन-बेटी भगाने से नहीं गिरी), और बच्चों को क्या सिखाना चाहते हैं आप? (कि बहनें भगाओ, लेकिन घोड़े पर आगे नहीं पीछे बैठाओ!)"

हाफ पैण्ट अपनी धुन में है। वह किसी की नहीं सुन रहा है, लेकिन कोई उसे भी नहीं सुन रहा है। एक लम्बी सुतवाँ नाकवाला आदमी, एक कम लम्बी नाकवाले आदमी को ठण्डे स्वर में समझा रहा है..."शूर्पणखा पर राम-लक्ष्मण का हमला एक थीसिस है। लेकिन एण्टीथीसिस वहाँ नहीं जहाँ आप सोच रहे हैं। आपने क्या सोचा कि, सीता की किडनैपिंग एण्टीथीसिस है? आपका दोष नहीं है, दरअसल हिन्दुस्तान में मार्क्स को कोई समझ ही नहीं सका (मेरे अलावा)। अरे भाई! एण्टीथीसिस है लंकादहन। और सेन्थीसिस है विभीषण का राज्याभिषेक...यानी

सर्वहारा की जीत। वो सुना नहीं आपने? कैसे रहता था, विभीषण लंका में? दलित, शोषित, दमित...जिमि दाँतन बिच जीभ बिचारी।''

यह एक लम्बा-चौड़ा गोल अँधेरा हॉल है, जहाँ इतिहास का पुनर्लेखन चल रहा है। वे सब इतिहास पुनर्लेखन समिति के माननीय सदस्य हैं, और आम सहमति बनाने को आतुर हैं।

''हाइ! कइसा है तुम? हाउ आर यू?'' एक पुराना बिछड़ा ब्रितानी यार पूछता है मुझसे। आजादी के बाद वह वापस ब्रिटेन चला गया था, अब घूमने को आया है ''इदर''!

''चंगा हूँ हिज हाइनेस! आप तो ठीक-ठाक हैं?''

...''अबे चंगे हो कि नंगे?...झूठ बोलते हो? खाली आजादी मिल जाने से आदमी चंगा हो जाता है? अब वैसे करते क्या हो आजकल तुम? आजादी की पचास साल पुरानी कथरी ओढ़ते हो...और उसी को आधी बिछाते भी हो? और ये..ये क्या है...चीलर? अबे कभी तो धूप दिखा दिया करो। अबे वो बापू कहाँ हैं तुम्हारे? मार दिया? बड़े बहादुर हो बे? जो काम हम इतने दिन में नहीं कर सके वो तुम लोगों ने हमारे जाते ही कर डाला? अच्छा छोड़ो! ये भीड़-भाड़ क्यों दिख रही है? सब अपने ही आदमी हैं? अबे कण्डोम भी खादी का ही बनाते हो क्या? अच्छा चल अब सिविल लाइन में एक मसाला कोल्ड ड्रिंक पिला...। अबे बोलते बहुत हो तुम लोग! कभी सुना भी करो। हैं...? ये क्या है? लाटूश रोड, क्लाइव रोड़, ड्रमण्ड रोड, मम्फोर्डगंज, म्योराबाद...अबे मैं आ गया हूँ कि अभी लन्दन में ही हूँ। (खुद को चिकोटी काटकर) उई...यूनियन जैक! आ तो गया हूँ और इलाहाबाद में ही हूँ। अबे फटीचर, एक बात बता...सदियों पुरानी खुजली खुजलाने का शौक है क्या तुम लोगो को? अबे तुम सब में तो बहनजी भलीं...भले एक ही है, लेकिन उनके पास एक देशी नाम तो है...छत्रपति शाहूजी महाराज! और तुम लोगों को क्लाइव आज तक याद आता है? अबे हम लोग तो लुटेरा बोलते हैं वहाँ पे इसको। अच्छा छोड़...शर्मिन्दा हो गया? अब तूने दिखायी एकदम इण्डियन स्टाइल...। मसाला ड्रिंक तो जानदार था, चल अब एक सन्तरा दिला..।''

..."सन्तरे का क्या करेंगे हिज हाइनेस?"

..."अब जब लौट ही रहा हूँ तो टेम्स में जाकर निचोड़ दूँगा।"...कहते-कहते वो भावुक हो गये, "अच्छा लगता है यार! कहीं की भी चीज लाकर उसका रस अपने देश में निचोड़ देना।... आदत भी है अपनी!"....टक्...! जीभ को अपनी तालू पर चटकाते हुए हिज हाइनेस भाव विभोर हो उठे।

...."फिर कब आयेंगे हिज हाइनेस?" मैंने पूछा...।

..."जल्दी ही! उस बार पानी के जहाज से आये थे...टाइम लगा था। इस बार वाया अमेरिका, सूक्ष्म रूप धरकर पेप्सी की बोतल में घुसकर आयेंगे...और सीधे तुम्हारे हलक में!"

"सूक्ष्म रूप धरि सियहिं दिखावा!... मेरे दोनों हाथ श्रद्धा भाव से आपस में जुड़ गये। कुछ कमजोरी-सी महसूस हो रही थी। सड़क पर खड़े पानीवाले से एक गिलास नींबू पानी बनवाकर पिया। लौटते समय जेब थपथपाकर इत्मीनान कर लिया कि एक नींबू जो गलती से मेरे हाथ में आ गया था, वो सुरक्षित है। घर जाकर अपने घड़े में निचोड़ दूँगा..आदत भी है अपनी टक्! जीभ को तालू पर चटकाया तो...पर वैसी आवाज नहीं निकली।

और अन्त में..., ऐसा लगता है जैसे जोर का प्रेशर बना हो। एक अजीब-सी उकताहट पूरे शरीर में भर जाती है। दिमाग साँय-साँय करता है। जैसे समुद्र में एक तूफान उठता है और किनारे पर आकर भाटे में बदल जाता है। शायद बी.पी. लो हो रहा है।...अरे वह देखो, तथागत उतर रहे हैं...सीढ़ियों से नीचे...मुस्कुराते हुए! कौन-सी जगह है? पोखरन है शायद। ये लो इन्होंने तो बामन रूप धर लिया। एक पैर में भारत, एक में पाकिस्तान और तीसरा न्यूयार्क में। तीन पैर से पृथ्वी नाप ली। ऐं? स्वामी जंघन्यानन्द क्या कर रहे हैं यहाँ? काली पहाड़ी अपने बैग में डाले...गले में लटकती तख्ती... "विश्वविख्यात बच्चा प्रदानी सन्त!"....साथ में सरदार भी है, जोर-जोर से चिल्लाता हुआ...टोकेन हैगा जी..। सरदार के हाथ में गणेश जी हैं, टोकेन उनके गले में लटका है। पीछे-पीछे चम्मच और दूध लेकर भागती लाखों की भीड़...। जै हिन्द बजाती पुलिस की वर्दियाँ। हटो हटो, सुरक्षा इन्तजामात हैं...पत्रकारों को पीछे हटाओ। ये सात ऐनकधारी क्या बुदबुदा रहे हैं?

पोटा में अन्दर लो इन्हें!...षड्यन्त्री हैं साले। अरे वो कहाँ गये? संसदीय कार्यवाही देखनेवाले? ड्राइंगरूम में बैठाओ उन्हें। हम बात करेंगे उनसे। क्या कहा? ताजमहल के गुम्बद पर बैठकर बात करेंगे? ऐसी इच्छा है उनकी? ठीक..ठीक..वहीं इन्तजाम करो।

...बस आ रहे हैं। गोधरा निपट गया। कश्मीर निपटा लें...आते हैं। अतिथि देवो भव!...मौर्या शेरेटन को आर्डर दे दिया है? भोजन लजीज होना चाहिए। क्या? हमारा प्लेन पी.ओ.के. से अफगानिस्तान ले गये? ये क्या रेलवे है, जो 'आपकी सम्पत्ति' समझकर टहला रहे हैं? और यात्रियों को खाना-पानी भी नहीं दे रहे हैं? छोड़िये...ये कबीलाई क्या जानें खिलाना-पिलाना। हाईजैकर्स भाइयों को भी बुलवा लो...। बात करेंगे हम। खाना और मँगा लो, लंच के दौरान ही बातचीत हो जायेगी। जरा जल्दी ही निपटाइयेगा...बम्बई ब्लास्ट की शोक-सभा में भी जाना है। डिनर वहीं पर होगा।

..अब तू कहाँ घुसा जा रहा है? अच्छा-अच्छा, हाईजैकर भाईसाब हैं। निकल जाइये...सीढ़ियों से ऊपर होते हुए। हाँ..हाँ. वहीं ऊपर गुम्बद में इन्तजाम है। ये कारीडोर में कौन फटफटा रहे हैं? क्या बोल रहे हैं...अफसर हैं..? पुरानी सरकार के? लगाओ एक-एक... बाहर करो! अबे तू कौन ? आतंकवादी है क्या?...हैं..क्या बोला? टोकेन है? जा भई जा! टोकेन का कोई तोड़ नहीं।

कोई मनोवैज्ञानिक आया है शायद! जरूर मेरे यार-दोस्त पकड़ लाये हैं। मेरे कम्प्लीट चेकअप के बाद से ही अपसेट है। चारों तरफ कुत्ते की तरह, टहल-टहलकर कुछ सूँघ रहा है। अच्छा? रिपोर्ट भी बना दी इतनी जल्दी? ला भाई ला...देखें क्या लिखा है? कम्प्यूटर की लिखावट है...

"हर आम हिन्दुस्तानी के मस्तिष्क के बीचोंबीच, आम तौर पर एक खाली जगह पायी जाती है। इस खाली जगह को, स्कूल, कालेजों, मन्दिरों, मस्जिदों, घण्टाघरों और गुरुद्वारों, दादी, नानी की कहानियों, रामायण, महाभारत, कुरान, बाइबिल आदि को पीस-पासकर, उनकी लुगदी से भरा जाता है। पर आपकी दिक्कत यह है कि, आपके मस्तिष्क के उस खाली हिस्से में पहले से ही कोई चीज है, जो आम तौर पर किसी हिन्दुस्तानी में नहीं पायी जाती। तो यह चीज ही आपकी

प्राब्लम है। समय रहते आपरेट करा लें। कोई दिक्कत की बात नहीं है। घण्टे-आध-घण्टे का आपरेशन है...निकाल देंगे। फिर सुकून की नींद सोइये। कोई सवाल परेशान नहीं करेगा। न गुस्सा आयेगा, न उबकाई। मुफत आपरेशन कराना हो तो, आर.एस.एस. के शिविर में चले जाइये...जैसे सरकार नसबन्दी के शिविर लगाती है। लेकिन आपकी चीज थोड़ी जखड्ड है, इसलिए बेहतर है कि आपरेशन करा लें।''

मैंने निकल भागने की कोशिश की...लेकिन इससे पहले ही भाई लोगों ने कसकर पकड़ लिया।

अब इधर कोई दिक्कत नहीं रह गयी है। अपने दरवाजे से निकलकर दूसरे के दरवाजे पर हलका होकर चला आता हूँ। सब ऊपरवाले की महिमा (चौधरी?) है...उसके अलावा रात के दो बजे और देखता भी कौन है? फिर शान्ति के साथ सोता हूँ और रात में सुखपूर्वक बुदबुदाता हूँ...''टोकेन हैगा जी!''

●

शौके-शायरी

...जमाना हुआ, जिन्दा शेरों को देखे हुए। पहले के जमाने में, शेर होते थे, जंगल होते थे और शिकारी भी। पर रिजर्वेशन के इस जमाने में टाइगर भी रिजर्व हो गये। सब-कुछ भूतपूर्व हो गया। एक आज का जमाना है जहाँ शेर तो होते हैं पर किताबें भी होती हैं और शायर भी। पहले के शिकारी, शेरों को मारते थे, उनकी खाल खींचते थे लेकिन आज के शायर, शेरों को बनाते हैं, और शिकार होते हैं...सुननेवाले! और जाहिर है कि खाल भी उन्हीं की खिंचती है।

तो मुख्तसर यूँ कि,सब-कुछ उलट-पुलट हो गया। शेर जंगलों से निकलकर किताबों में टहलने लगे और शायर मुशायरों में...। रही सुननेवालों की तो..। अब तो कोई अपने बेडरूम में भी नहीं बच सकता। इस हाइटेक युग में तो शेर और शायर टी.वी. में घुसकर आपका शिकार कर लेते हैं। खैर!...

वन्स अपान ए टाइम, माबदौलत को भी शौके-शायरी परवान चढ़ा था। शायरी भी, सुनते हैं निहायत उम्दा किस्म की चीज है। दो-चार शेर भी याद हों तो समझिये कि महफिल में बस आप-ही-आप हैं। बल्कि चौथा शेर सुनाते-सुनाते तो सचमुच बस आप ही बचेंगे, क्योंकि बाकी की महफिल तो आपके पहले या दूसरे शेर पर ही बरखास्त हो चुकी होगी।

तो जब हमें लगा कि, बिना शायर बने, दुनिया में अपनी कोई खास इमेज नहीं बननेवाली...तो दो-चार फुरसत किस्म के शायरों से सम्पर्क साधा। तकरीबन सभी का एक बहुत ही उम्दा मशवरा था कि शेर लिखना शुरू कर दें तो माशाअल्लाह शायर बनने में कोई मुश्किल नहीं है। लेकिन अमूमन वापस लौटकर हमें लगता था कि कुछ खास चीज है जो हम पूछना भूल गये हैं और वह यह होती थी कि आखिर शेर लिखें तो कैसे?

बहरहाल! शायरी का भूत दिलो-दिमाग पर उतने ही गहरे उतरता जाता था जितना हम उसे झटकने का प्रयास करते थे। एक लम्बे वक्फे तक टहलने के बाद

एक दिन अचानक ही हमारी खोजी निगाहें, फुटपाथ के किनारे लगी एक दुकान से जा टकरायीं। बड़ी उम्दा-उम्दा किस्म की लिटरेरी किताबें, रुपये-बीस आने के भाव बिक रहीं थीं। हमें लगा कि महँगाई वगैरह सब कहने की बातें हैं। सजी हुई किताबों में से ऊपर ही एक अत्यन्त दुर्लभ पुस्तक पर नजर पड़ गयी... 'शेरों की बहार।' यूरेका-यूरेका चिल्लाते हुए हमने किताब झपट ली। बेतकल्लुफी से वापस चलने के लिए मुड़े ही थे कि एक मरियल-से आदमी ने हाँफते हुए दरम्यानी आवाज में दरियाफ्त की...''बाप का माल है हुजूर?...पैसा नहीं दीजियेगा?...हमने किताब का पहला पन्ना पलटा और जल्दी-जल्दी तीन-चार शेर पढ़ मारे। शुरू के पहले शेर पर तो उसकी आँखें हलकी-सी झपकीं, दूसरे शेर पर लड़खड़ाया....और तीसरे शेर पर धड़ाक-धड़ाक तीन छींकें मारीं फिर जमीन पर लम्बा हो गया। हालाँकि, चक्कर आने हमें भी शुरू हो गये थे लेकिन कोलम्बस बन जाने के अहसास ने अतिरिक्त ऊर्जा दी और विजयी मुस्कान लिये हम घर वापस लौटे।

घर आकर देखा तो किताब में कुल आठ शेर थे। महाभारत में भी, सुनते हैं कि कुल आठ पर्व थे। बस एक फर्क था कि महाभारत में अन्तिम पर्व, शान्ति पर्व था। लेकिन इस किताब का अन्तिम शेर पढ़ने पर जी मिचलाता था।

किताब को पहली बार पढ़ने में हमें मात्र आठ दिन लगे। सुबह उठकर एक शेर पढ़ते थे, और बाकी का सारा दिन पेचिश का शिकार रहते। आठ दिन की इस नियमित दिनचर्या को उस दिन ग्रहण लग गया जब हमारी श्रीमती जी ने भूलवश या साजिशन, किताब को चूल्हे में ईंधन के तौर पर प्रयुक्त कर लिया। हमें बीस आने की किताब पर उतना अफसोस न हुआ जितना कि श्रीमती जी की बीस पैसे की बुद्धि पर!...खैर, क्या करते?

अब शायर बनने का भूत लगभग उतरा ही चाहता था कि एक दिन त्रिपाठी और सलीम आतिशी आ धमके। कहने लगे कि एक बड़ा ही दिलकश मुशायरा है और आपका चलना इन्तिहाई जरूरी है। त्रिपाठी तो एकदम चौखट पर सिर रखकर लेट गया और कहने लगा कि अगर हम नहीं गये तो सिर पटक-पटककर अपनी जान दे देगा। हालाँकि हम जानते हैं कि वह ऐसा कुछ नहीं करेगा, लेकिन कमबख्त वह भी जानता है कि उसकी इन्हीं अदाओं के हम कायल हैं। बहरहाल पहुँचे और मंच के एकदम करीब ही जम गये।

अब हुआ यूँ कि, मैदान तो शुरू के एकाध शायरों ने ही खाली कर दिया। थोड़ी देर के बाद एक माजरा यह था कि पण्डाल के दाहिनी ओर सिर्फ मैं, त्रिपाठी और सलीम आतिशी थे और बायीं ओर लाइन से पन्द्रह-बीस श्रोता बैठे थे। यद्यपि मैं उठना चाह रहा था, लेकिन उन पन्द्रह-बीस श्रोतागणों के बीच से उठकर आना

जरा शोभा नहीं देता था। और उधर त्रिपाठी और आतिशी भी मरहवा...मुकर्रर..कमाल है..के नारे लगा रहे थे।

...सुबह हो गयी। पर न तो शायरों ने मंच छोड़ा और न उन पन्द्रह-बीस श्रोताओं ने पण्डाल। बाद में यह पता चलते ही हमारी तबीयत खराब हो गयी कि, वे पन्द्रह-बीस श्रोता, मूक-बधिर विद्यालय से लाये गये थे, श्रोताओं की संख्या बढ़ाने के लिए...।

हमने त्रिपाठी को वहीं पण्डाल में ही खूब डाँटा। मगर त्रिपाठी था कि बस "वाह वाह मरहवा...मुकर्रर..कमाल है...!" किये जा रहा था। आखिर हमें उस पर शक हुआ। जब दोनों कान पकड़कर खींचे तो दोनो तरफ से थोड़ी-थोड़ी रुई निकलकर गिर पड़ी। उधर जब सलीम आतिशी से मैंने पूछा कि तुम तो कान में रुई भी नहीं डाले थे, फिर इतना लम्बा मुशायरा कैसे झेल गये...तो आतिशी ने बड़ी जोर से चिल्लाकर पूछा..."क्या...??" और हम चारों खाने चित हो गये।

तब से साहिबान...मैंने मुशायरों के जंगल से तौबा कर ली है। न जाने कब किस ओर से कोई शेर टहलता हुआ कान को छूकर गुजर जाये। इसलिए शायरों को देखकर, अब दूर से ही रास्ता बदल लेता हूँ। 'शेरों की बहार' नामक दुर्लभ पुस्तक जो कि अग्निकाण्ड का शिकार हो गयी थी, जिसके शेर यहाँ प्रस्तुत नहीं किये जा सकते क्योंकि केवल अश्लीलता से ही नहीं बल्कि, हिंसाप्रधान होने पर भी व्यंग्य को ये प्रमाण-पत्र दिया जा सकता है। तथापि उसका एक शेर यहाँ प्रस्तुत करने का मोह मैं छोड़ नहीं पा रहा हूँ...

चार पैरों पर खड़ा आदमी,
कुत्ता कहलाता है।
कुत्ता गर दो पैरों पर खड़ा हो,
तो आदमी बन जाता है।

(अन्तिम शब्द 'है' के पश्चात् वाह-वाह कहें। और तब तक कहते रहें, जब तक कि वह व्हा...व्हा..होते हुए, वा-वा न हो जाये। इससे पेट भी साफ रहता है और भूख भी अच्छी लगती है—सं. : शेरों की बहार।)

•

प्रेम काण्ड

बुजुर्ग कह गये हैं कि, दुनिया के सभी रसों में प्रेम रस प्रधान है। यानी सभी रसों में सर्वश्रेष्ठ। अब प्रधान से तो यही जाहिर होता है, जैसे मन्त्रियों में प्रधान को प्रधानमन्त्री कहते हैं। माने प्रधानमन्त्री और प्रेम रस पर्यायवाची हो गये।

बाल की खाल निकालना हमारा शौक है और खाल को पुनः बाल पर चढ़ा देना हमारी आदत। हालाँकि, त्रिपाठी को हमारे ये दोनों काम बिलकुल पसन्द नहीं हैं, ठीक वैसे ही जैसे हमको त्रिपाठी और दही।...तो बात प्रेम की चल रही थी। हमारे विद्यार्थी-काल में (जब विद्यार्थी होना काल था) साथ के कई लोग इस काम में हाथ डाल चुके थे। कई एक तो किनारे हो गये, और कई किनारा समेत प्रेम के दरिया में जा रहे। हमारा रूम पार्टनर गुप्ता कभी-कभी रात में उठकर...'सोनी...सोनी' चिल्लाया करता था, और जब तक हम सोनी का टेपरिकार्डर ऑन करके कोई गाना नहीं बजा देते थे, उसे नींद नहीं आती थी।

ऐसे हालात देखकर, हमें अपने-आप पर फख्र होता था कि किसी अति सामान्य आदमी की भाँति किसी लड़का-जैसी नश्वर चीज से प्रेम करने की बजाय, हम अपने देश से प्रेम करते हैं...साहित्य से प्रेम करते हैं, और सबसे ज्यादा तो अपनी पवित्र आदतों से प्रेम करते हैं जिनमें सोना और खाना विशेष रूप से उल्लेखनीय हैं।

लेकिन एक दिन, जब त्रिपाठी ने एक अनौपचारिक वार्त्ता के दौरान अपने एक प्रेम-प्रसंग की चर्चा छेड़ी, जिसका हीरो खुद त्रिपाठी ही था, और हीरोइन जो थी वह यूनिवर्सिटी के संस्कृत विभाग की एक छात्रा थी। संयोग से या वियोग से, यह वही छात्रा थी, जिसके लिए (हालाँकि त्रिपाठी के उकसाने पर ही) हम पोलिटिकल साइन्स का लेक्चर छोड़कर, संस्कृत की क्लास लेने लगे थे। जबकि संस्कृत हमारा विषय भी नहीं था।

बहरहाल, आज की चर्चा विस्तार में सुनकर, हम त्रिपाठी की सफलता पर मन-ही-मन गालियाँ देते रहे..दो-तिहाई त्रिपाठी के लिए और एक-तिहाई खुद को।

ऊपर से तो हम हाँ-हूँ करते रहे, लेकिन दिल में एक बात गहरे तक गड्ढा कर गयी कि, हमने किसी कन्या से प्रेम नहीं किया..अतः हे दुनियावालो! हम पर लानतें भेजो, हम लें या न लें..यह हमारा व्यक्तिगत मामला है। आज तक हमने हीर-राँझा, लैला-मजनूँ, सोहनी-महिवाल आदि के बारे में सुना था और सोचा करते थे कि, संगीतकारों की भाँति इन लोगों ने भी किसी कार्य-विशेष के लिए जोड़ी बनायी होगी, जैसे नदीम-श्रवण, लक्ष्मीकान्त-प्यारेलाल, ए.आर. रहमान आदि। लेकिन आज हमें अपनी समझदारी पर तरस आ रहा था। इसी बीच त्रिपाठी ने कबीर का एक दोहा सुनाकर जैसे आग में पेट्रोल डाल दिया..''ढाई आखर प्रेम का, पढ़े सो पण्डित होय!'' अब चूँकि ये त्रिपाठी तो जन्मजात पण्डित था, लेकिन हम जाति परिवर्तन के पक्ष में नहीं थे। इसलिए हमने तय किया कि, ढाई तो नहीं लेकिन एकाध अक्षर हम भी जरूर पढ़ेंगे।

अब यह तो त्रिपाठी बताकर ही गया था कि, प्रेम के लिए दो प्राणियों की आवश्यकता पड़ती है, जिसमें कम-से-कम एक स्त्रीलिंग हो तो बढ़िया रहता है। अब हम जल्दी ही प्रेम कर डालने के मूड में थे। परीक्षाएँ समाप्त हो चुकी थीं, इसलिए प्रेमपत्र, प्रेम कैसे और क्यों? प्रेम आओ करके सीखें, 15 दिन में प्रेम करें, इत्यादि नामी-गिरामी पुस्तकें हमारी टेबल पर सज गयीं। विशद अध्ययन प्रारम्भ हो गया। त्रिपाठी हमारे साथ पूर्ण समन्वय और सहयोग के साथ लगा था। ऐसे ही मौकों पर हमें त्रिपाठी की उपयोगिता समझ में आती है, और इसीलिए उसके सामने हम कह दिया करते हैं कि यार त्रिपाठी तुम वास्तव में बहुत अच्छे इन्सान हो। जबकि सच तो यह है कि, वह इन्सान कभी था ही नहीं। क्योंकि अगर होता तो, उसके पिताजी अक्सर उसे गधा, उल्लू क्यों कहते? कशमकश का असल मसला तो यह था कि, मैं आज तक यह नहीं समझ पाया कि एक ही जीव, एक ही समय में गधा और उल्लू दोनों कैसे हो सकता है?

खैर! एक दिन त्रिपाठी लगभग हाँफता-काँपता मेरे पास आया और दम ले चुकने के बाद बताया कि प्रेम प्रयोग हेतु सबसे जरूरी अदद मिल गयी है जो कि संयोग से एक कन्या है, अतः प्रेम किया जा सकता है। हम झट कपड़े-सपड़े टाँग, बाल झाड़कर (हालाँकि बाद में पता चला कि ऐसे कामों में बाल झाड़ने की तकलीफ उठाने की कोई खास जरूरत नहीं होती, वे वैसे भी झड़ जाते हैं अथवा

कन्या के बाप, भाई या पड़ोसी लोग स्वयं ही यह कल्याणकारी कार्य सम्पन्न कर देते हैं।) लोकेशन पर चल पड़े।

लोकेशन के बारे में, जैसा हमने सोचा था, वैसा नहीं था। यह एक अत्यन्त गन्दा-सा मुहल्ला था जहाँ कुल जमा एक हैण्ड पम्प पर सारा मुहल्ला पानी भरने के लिए इकट्ठा होता था और उस दौरान वीरगाथा काल तथा रीतिकाल, दोनों प्रकार के कवियों को अपनी कविता के लिए पर्याप्त रॉ मैटीरियल मिलने की गुंजाइश रहती थी। वीर और श्रृंगार दोनों रसों का अद्भुत समागम इसलिए था कि पानी भरनेवाले आवेदकगण शत-प्रतिशत महिलाएँ थीं। जैसे ही नगरपालिका की कृपा से पानी आना शुरू होता था, वीर रस का बहना प्रारम्भ हो जाता था, फिर ज्यों-ज्यों वक्त गुजरता था, इसकी साड़ी उसके हाथ और उसकी चोली इसके हाथ, का दृश्य उपस्थित हो उठता था और कविगण सुविधानुसार उसमें से रीति तथा श्रृंगार खोज लेते थे।

इसी हैण्ड पम्प से तकरीबन सौ गज दूर पर एक समोसे और चाय की दुकान थी। दुकान का मालिक एक अत्यन्त प्रबुद्ध और दूरदर्शी टाइप का प्राणी था। जैसे खेल के किसी बड़े मैदान के आस-पास चाय-पान की दुकानें खूब चलती हैं वैसे ही यह दुकान, प्रतिदिन एक बड़े और रीतिकालीन युद्ध को देखने हेतु सबसे उपयुक्त स्थल माना गया था। चूँकि इस जलयुद्ध में सोलह से उन्नीस बरस की बालाएँ भी भाग लेती थीं अतः दुकान में प्रत्येक आइटम प्रचलित बाजार दर से तकरीबन सोलह से उन्नीस गुना ज्यादा था। ऐसा भी नहीं था कि आप सिर्फ एक चाय मँगायें और फिर तीन घण्टा दुकान पर जमे रहें। इधर आपकी चाय खतम नहीं हुई कि दो-तीन मुस्टण्डे किस्म के पहलवान लोग आपको बाहर उठाकर फेंक देंगे। आप अपने कपड़े झाड़कर आइये और फिर एक चाय का आर्डर दीजिये।

तो साहब, सारे नियम प्रावधानों से वाकिफ हो चुकने के बाद हम लोगों ने दो चाय मँगायीं और कोने की एक बेंच में जम गये। चाय जब एक चौथाई खतम हो जाती थी तो बिना देर लगाये दूसरी चाय का आर्डर दे देते थे। जुमा-जुमाकर वह वक्त आया जब एक सोलह साल की ताजा तरीन कन्या ने दुकान में कदम रखा और त्रिपाठी ने हमें कोहनी मारकर बताया कि यही है। हम उठकर, पेमेण्ट करने के बहाने दुकानवाले के पास खड़े हो गये। कन्या दुकानवाले से उधार तीन

समोसे ले जाना चाहती थी किन्तु बर्बर, क्रूर, निष्ठुर, आततायी, पाषाण हृदय दुकानवाला साफ इन्कार कर रहा था। मैंने चढ़कर दुकानवाले की गर्दन थाम ली और एक छोटा-सा संक्षिप्त भाषण दिया जिसका निहितार्थ यह था कि जो सौन्दर्य का सम्मान नहीं कर सकता वह इस पृथ्वी मात्र पर भुवि भार भूता है तथा उसे जीने का कोई हक नहीं है। यह भी कि हम किस प्रकार आज के भौतिकतावादी युग में पैसे के पीछे भावनाओं, संवेदनाओं तथा सौन्दर्य की उपेक्षा कर रहे हैं तथा यह भी कि, ऐसा करनेवालों को नरक में भी जगह नहीं मिलेगी और वह दुकानदार जो है वह नरक से रिजेक्ट होनेवाला सबसे पहला प्राणी होगा।

तकरीर खतम हो चुकने के बाद हमने अपनी शर्ट उतारी और उसे त्रिपाठी को पकड़ाकर भावुक स्वर में कहा कि यही एक अव्छी और बढ़िया शर्ट है। इसकी रक्षा जान देकर भी करना। ऐसा कहकर हम दुकानदार के मुस्टण्डों के सामने खड़े हो गये और कहा कि हम प्रस्तुत हैं। हमने सच बोला है और सच बोलना कोई गुनाह नहीं है। लेकिन सच सुनने के लिए भी ताकत चाहिए जो तुममें नहीं है अतः अब चाहो तो मारो। किन्तु वे मुस्टण्डे हमारी इस बात से सहमत नहीं हुए और बोले कि हम किसी बात में कमजोर नहीं हैं, अतः जाओ हम नहीं मारते। ऐसी विषम परिस्थिति भाँपकर दुकानवाले ने मेरी ओर आँख मारकर एक समाधान प्रस्तुत किया कि चूँकि उधार जो है वह प्रेम की कैंची कही गयी है अतः समोसों का पैसा आप पेमेण्ट कर सकते हैं इसका परिणाम यह होगा कि उस षोडशी को समोसे भी मिल जायेंगे और आपका यहाँ चाय पीना भी सार्थक हो जायेगा। सार्थक शब्द पर विशेष बल देते हुए, जब दुकानदार ने पुनः अपनी एक आँख दबायी तो हमारे ज्ञान चक्षु खुल गये। हमने तुरन्त दुकानदार को दस समोसों के पैसे देते हुए कहा कि तत्काल दस समोसे पैक करके इन्हें दे दीजिये। अब साहब! उस षोडशी ने जो नजर भर के हमें देखा है कि त्रिपाठी जलकर खाक हो गया होगा।

तत्पश्चात्, खरामा खरामा करके हम घर की ओर लौटे। कई बार मूर्च्छित होने का भी जी चाहा, लेकिन आस-पास किसी सुन्दर बाग-बगीचे, बाद्रियाँ या गुलाबजल का कोई इन्तजाम न होने की वजह से यह इच्छा दबानी पड़ी। घर लौटकर हम अपने बिस्तर पर इस सावधानी के साथ धम्म से गिरे ताकि हममें या बिस्तर में से किसी को भी कोई चोट न पहुँचे। हमारी यह हालत देखकर त्रिपाठी

अपनी शर्ट से हमारे चेहरे पर हवा करने लगा। मैंने त्रिपाठी की ओर भावहीन नजरों से ताका जिसका भाव यह था कि... अब?

त्रिपाठी तत्काल समझ गया, बोला दिल क्यों छोटा करते हो, अब अगले कदम की ओर ध्यान दो। हमने कहा कि अब हम 'उनके' बगैर एक कदम नहीं चल सकते। त्रिपाठी ने बताया कि चलना वलना नहीं है, वह तो एक मुहावरा था। करना यह है कि अब तुम्हें एक प्रेमपत्र लिखना होगा। हमने त्रिपाठी की जेब से उसका रूमाल निकालकर, पसीना पोंछते हुए कहा कि यार! प्रेमपत्र तो हमने कभी लिखा नहीं। त्रिपाठी ने अपना रूमाल मेरे हाथ से वापस लेते हुए (जो 'गलती' से मैं अपनी जेब में डालने जा रहा था) कहा कि लगता है तुमने प्रेम कहानियाँ नहीं पढ़ी हैं। तुम सादा पत्र नहीं लिख सकते, यहाँ तो लोग खून से पत्र लिखते हैं। मैंने पूछा कि खून किसका होना चाहिए? क्या अपना ही होना जरूरी है? क्या कन्याएँ पत्र की लिखावट से ब्लड टेस्ट कराती हैं। मेरे यक्ष प्रश्नों से त्रिपाठी के तिरपन काँप गये। बोला, तुम कुछ ऐसा-वैसा तो नहीं सोच रहे हो? मैंने कहा कि, हे त्रिपाठी! अब सोचने का वक्त गया, यह तो हमारे कर्म करने का वक्त है, और तुम्हारे करवाने का। त्रिपाठी कुछ समझ पाता इसके पहले ही हम उसकी गरदन पर चढ़ बैठे और ज्यामिती शास्त्र के एक विशिष्ट यन्त्र को उसके उभरे हुए संस्थानों पर पैबस्त हो जाने दिया। त्रिपाठी एक बार तो जिबह किये जानेवाले बकरे की तरह मिमियाया, फिर बेहोश हो गया। हमने खून एक शीशी में इकट्ठा किया और तत्काल एक पत्र लिख मारा। "लिखता हूँ खत खून से, स्याही न समझना".. से प्रारम्भ करते हुए "कुछ तो पैगामे जबानी और है" पर खत्म किया। तब तक त्रिपाठी को होश आ गया था। उसने हमारे जज्बाती लेखन को देखा तो हमें माफ कर दिया।

अब सबसे बड़ी समस्या थी पत्र को अभीष्ट तक पहुँचाने की। यही एक काम था जो हम त्रिपाठी से नहीं ले सकते थे। बहरहाल, इक आग का दरिया है, और डूब के जाना है... गुनगुनाते हुए हम पत्र लेकर उनकी गली में खड़े हो गये। दसेक मिनट बाद उनका शुभागमन हुआ। यद्यपि उन्हें देखते ही एक बार पुनः मूर्च्छित हो जाने की प्रबल इच्छा हुई जो हमने मुश्किल से दबायी। उनके पास आते ही हमने उनसे कुछ कहा, जो आज तक हम खुद नहीं समझ पाये कि क्या

कहा। हमारे मुँह से घबराहट में सिर्फ हवा निकली जो रोकते-रोकते कुछ इस प्रकार निकली कि कोई भी विद्वान् आदमी उसे सुनकर कह सकता था कि कहीं सीटी बजी है। कन्या ने हमारी ओर घूरकर देखा, फिर शायद पहचान गयी। बोली... क्या है? हमने उसकी ओर पत्र बढ़ाया, तो वह भड़क गयी। कहने लगी...शर्म नहीं आती? उस दिन दस समोसे क्या दिला दिये, आज हिसाब करने चले आये? मैं सब जानती हूँ तुम लोगों की चालें!

हमने धड़ाक से पसीना छोड़ दिया। फिर आखिरी कोशिश करते हुए कहा कि जरा पढ़िये तो सही, हम समोसों का हिसाब लेने नहीं आये हैं। उसने हमारे हाथ से प्रेमपत्र को बहुत ही अप्रेमपूर्वक ग्रहण किया और तुरन्त दौड़कर अपने घर में घुस गयी। हालाँकि हम चिल्लाये भी कि, जवाब देने की ऐसी भी कोई जल्दी नहीं है, आराम से दीजियेगा। लेकिन हमारी बात पूरी होने से पहले ही वह अन्तर्धान हो गयी। हमने सोचा कि चलो एक और चक्कर लगाने से अच्छा है कि जवाब लेते ही चलें। अचानक देखता क्या हूँ कि सामनेवाले घर से तकरीबन छह-सात हृष्ट-पुष्ट टाइप के जवान चले आ रहे हैं। सबके हाथों में लाठी, डण्डे, सरिया, हाकी-जैसे शस्त्र शोभायमान थे। पलक झपकते ही हमारे मस्तिष्क ने हमारे दोनों पैरों को कोई आदेश पारित किया, और हम यह जा वह जा।

इस घटना के बाद हम त्रिपाठी को बहुत दिन तक ढूँढ़ते रहे, और त्रिपाठी हमारा पता लगाता रहा कि, जहाँ हम हों वहाँ से कम-से-कम सौ-पचास किलोमीटर दूर ही रहे। हमने एक बड़ा और मोटा-सा सूजा अपनी मेज पर ही रख छोड़ा है। पर शायद त्रिपाठी की किस्मत अच्छी है, और हमारी खराब। हमें त्रिपाठी का इन्तजार है और त्रिपाठी को हमारी याददाश्त खोने का।

•

जिब्नबतूता की भारत-यात्रा

एक दिन इब्नबतूता के सबसे छोटे पोते जिब्नबतूता को, जिसे उसकी दादी प्यार से जिबनू कहकर बुलाती थी, शौक चर्राया कि वह अपने बाबा इब्नबतूता का नाम रोशन करके ही मानेगा। उसने अपने बाबा का पुराना ट्रंक, धूल पोंछकर खोला और उनके द्वारा लिखी गयी तमाम ऐतिहासिक पाण्डुलिपियों का अवलोकन किया। अपने बाबा के द्वारा लिखे गये भारत नाम के देश का वृत्तान्त पढ़कर, जिबनू बड़ा ही रोमांचित हुआ और भारत-यात्रा की ठानी। यद्यपि उसकी दादी ने बहुत रोका, लेकिन जिब्नबतूता जो था, अपनी जिद का पक्का था। उसने तत्काल एक दूरबीन, छाता, पर्याप्त मात्रा में कागज, एक दर्जन पेन्सिलें, पानी की एक मशक, चुरुट और एक किलो तम्बाकू, बाँस का बना एक हैट तथा आग जलाने के लिए छह टुकड़े चकमक पत्थर, एक बड़े बैग में रखकर, उसे अपनी पीठ पर कसा और अपनी दादी का आशीर्वाद लेकर भारत नाम के देश की ओर कूच किया। जिब्नबतूता के हाथ में अपने बाबा की वह पुस्तक थी जिस पर भारत की यात्रा के अनुभव लिखे गये थे। यही किताब जिबनू के लिए भारत-यात्रा का ट्रैवलिंग मैप थी। जिबनू की प्रबल आकांक्षा थी कि, वह भारत के वर्तमान अनुभव समेटकर, अपने बाबा के पूर्व अनुभवों का एक तुलनात्मक वृत्तान्त प्रकाशित करे जिसके लिए मोरक्को के एक प्रसिद्ध प्रकाशक से उसकी बात भी हो चुकी थी। 6 जून, 2006 को प्रातः, जिबनू समुद्री रास्ते से होता हुआ कालीकट नामक बन्दरगाह पर उतरा। पीठ पर लदा अपना बैग सँभालते हुए जिबनू ने भारत की धरती और आसमान को आँखें मिचमिचाकर ताका और और सीधे रेलवे स्टेशन की ओर निकल पड़ा। स्टेशन पहुँचकर जो भी पहली गाड़ी जाती दिखायी दी उसी पर सवार हुआ और यात्रा प्रारम्भ कर दी। तकरीबन तीन दिन और दो रात के थकाऊ सफर के बाद जिबनू जिस जक्शन पर उतरा उसे भारत में उत्तर और दक्षिण का चौराहा कहा जाता था। संयोग से ही जिबनू, भारत के उत्तरी प्रान्त के एक छोटे-से हिस्से, बुन्देलखण्ड के हृदय स्थल पर आ पहुँचा था।

यह एक साफ-सुथरी और चौड़ी सड़कोंवाला शहर था, जिसके चारों ओर एक कई परकोटोंवाली दीवार थी, जो अब जगह-जगह से टूट चुकी थी। परकोटों के लगभग बीचोंबीच एक बड़ा-सा किला था जो इस शहर को ऐतिहासिक बनाता था। जिबनू ने स्टेशन पर उतरकर हाथ-मुँह धोया और शहर की आबोहवा सूँघने निकल पड़ा। जिबनू के अन्दर माहौल को सूँघने और अपने आसपास के वातावरण को तीक्ष्णतापूर्वक समझ लेने की विचित्र शक्ति थी जो सम्भवतः उसे अपने बाबा से विरासत में मिली थी। दिनभर शहर में घूमने के पश्चात् जिबनू ने पाया कि, शहर में एक प्रजाति-विशेष का बोलबाला था जिसे वृषभ प्रजाति कहते थे। इन वृषभों के बड़े-बड़े झुण्ड काले रंग के चौपहिया वाहनों पर दिनभर छुट्टे साँड़ की तरह विचरते थे, और साथ में अनेक शस्त्रधारी वृषभ चलते थे। एक दिन में ही जिबनू जान गया कि प्रान्त में वृषभ प्रजाति का शासन है। शहर के बड़े हाकिम-हुक्काम भी वृषभ प्रजाति के सामान्य जन से भी अतिशय भयाक्रान्त प्रतीत होते थे। जिबनू ने लिखा कि, ''सायँकाल मद्य-सेवन इनका अति रुचिकर कार्य है, जिसके लिए स्वयं सरकार नाम के किसी प्राणी ने सड़कों के किनारे मद्यपान हेतु छोटी-छोटी झोपड़ियाँ खोली हुई हैं जिन्हें आम जन की भाषा में ठेका कहा जाता है। मद्य के मामले में यहाँ के लोग राष्ट्रीयतावादी हैं अतः अधिकांश दुकानें देशी ही होती हैं।'' तत्पश्चात् जिबनू ने उस पदार्थ-विशेष को सूँघकर देखा फिर चकमक पत्थर के सहारे आग जलाने पर पाया कि वह पदार्थ ज्वलनशील था। अन्ततः जिबनू ने दो-चार घूँट पीकर देखा तो पाया कि वह सचमुच ज्वलनशील था और गरदन से लेकर शरीर के सर्वाधिक निचले भाग तक आग लगा देता था। इसके बाद जिबनू को कुछ याद नहीं रहा और सड़क पर ही लम्बा हो गया।

दूसरे दिन प्रातः जब सूरज सिर पर चढ़ा तो आँखें मलते हुए जिबनू उठा और वृषभ प्रजाति के शासन-केन्द्र की ओर प्रस्थान करने का विचार बनाया जो वहाँ से तकरीबन तीन सौ किलोमीटर दूर था। जिबनू ने देखा कि एक भीमकाय चौपहिया, जिसमें तकरीबन छह पहिये जुते थे, राजधानी की ओर प्रस्थान हेतु तैयार था। वाहन के पीछे बड़े-बड़े शब्दों में लिखा गया था... 'वृषभ बन्धु', जिसका प्रताप यह था कि उस वाहन को रोकने या छेड़ने की शक्ति यहाँ से तीन सौ कोस दूर राजधानी तक, किसी हाकिम या हुक्काम की भी नहीं थी। वाहन में आगे-पीछे,

दायें और बायें सभी ओर से वायु प्रवाह की विशेष व्यवस्था थी। जो नागरिकगण वाहन प्रयोग के बहुत आदी नहीं थे वे खुली खिड़कियों से थोड़ी-थोड़ी देर में मुँह बाहर निकालकर, उक्..व्वाक...ह्वाक... जैसी विचित्र ध्वनियाँ निकालते हुए, सड़क पर कुछ गिराते चलते थे। इस प्रकार के वातावरण से वाहन के भीतर एक अजीब-सी दुर्गन्ध का अहसास होता था किन्तु वाहन पर बैठे सभी नागरिकगण सुखी एवं सन्तुष्ट प्रतीत होते थे।

वाहन को चले तकरीबन छह घण्टे से उपर हो चला था, और जिबनू को थके-माँदे होने की वजह से झपकी आने लगी थी। झपकी आने की एक वजह यह भी थी कि, अब वाहन के भीतर वातावरण थोड़ा सामान्य था। वाहन के बाहर बार-बार मुँह निकालकर विचित्र प्रकार की ध्वनियाँ उत्पन्न करनेवाले लगभग सभी नागरिकगण शिकस्त होकर सो गये थे। सोने का यह माहौल भी भाईचारे का अत्यन्त सुखद दृष्टान्त प्रस्तुत करता था। इसका प्रारम्भ कुछ इस प्रकार होता था कि, एक नागरिक सर्वप्रथम अपनी आँख को बन्द करता था फिर अपने पूरे शरीर को बिना किसी सहारे के आगे की ओर इस प्रकार स्वतन्त्र रूप से झुकने देता था जैसे वह अचानक गिर पड़ने का अभ्यास कर रहा हो। तत्पश्चात्, गिरने से ठीक पूर्व आश्चर्यजनक रूप से अचानक सावधान होकर बैठ जाता था तथा अपने आसपास के लोगों को अत्यन्त उदासीन भाव से निहारता था। इसके बाद पुनः आँख बन्द करता था तथा क्षण भर बाद पुनः खोलता था तथा चारों ओर दृष्टिपात करते हुए अपने मुँह को अधिकतम दूर तक खोलने का प्रयास करता था, फिर इस बात से सन्तुष्ट होकर कि, अब इससे अधिक खुलने की सम्भावना शेष नहीं रह गयी है, झटके से बन्द कर लेता था। मुँह बन्द करने के ठीक पूर्व, ऊँचे स्वर में एक शब्द-विशेष का उच्चारण करता था जो शायद 'हे आम... ह्याम... राम या श्याम'-जैसा कुछ था। इस प्रकार की प्रक्रिया सम्पादित करने की जैसे होड़-सी लगती थी और तकरीबन चार-छह नागरिकगण एक साथ ही इस प्रक्रिया को इस प्रकार सम्पादित करते थे जैसे कोई प्रतिद्वन्द्विता हो रही हो। अन्तिम चरण में सभी नागरिकगण हिलते-झूलते, अपने ठीक बगल के नागरिक के कन्धों पर पूरी तरह टिक जाते थे और मुँह को संयमित मात्रा में खोलकर खर्राटे लेने लगते थे।

जिबनू इस पूरी प्रक्रिया को ध्यान से देखता हुआ अपनी डायरी में नोट कर रहा था कि तभी अचानक ऐसा प्रतीत हुआ कि, जैसे सैकड़ों पशु एक साथ मरकर सड़ रहे हों। एक तीखी दुर्गन्ध जिबनू की नाक से टकरायी और उसे चक्कर आ गया। अपनी मशक से दो-चार घूँट पानी पीकर, और एक चुल्लू पानी चेहरे पर डालकर किसी तरह होश में आया तो देखता क्या है कि, वाहन अब एक विशाल शहर में प्रवेश को उद्यत है, लेकिन सड़क पर चलते नागरिक, आवारा पशु, सड़क के किनारे-किनारे हाथगाड़ी पर करीने से लगे फल तथा उनके विक्रेताओं के विचित्र-विचित्र स्वर में चीत्कार करने की प्रतिद्वन्द्विता, वाहन को अत्यन्त धीरे-धीरे खिसकने पर मजबूर कर रही थी। जिबनू ने अपने सहयात्रियों से जाना कि, यह कानपुर नाम का शहर है जो कि, उत्तर भारत का सबसे विशाल औद्योगिक नगर है। नगर के मध्य में आते-आते लगभग रात्रि हो गयी और सड़कों के किनारे चारों तरफ तारे दिखायी पड़ने लगे। जिबनू चकित हुआ और जानना चाहा कि क्या इस क्षेत्र-विशेष में दिन बहुत छोटा होता है? बगल में बैठे सहयात्री ने अत्यन्त दयाभाव से जिबनू को देखा और फिर बताया कि, यह शहर के धुएँ के कारण ऐसा प्रतीत हो रहा है, और वे तारे जो हैं वे शहर की लाइटें हैं। अभी तो दिन का मात्र दो बजा है और शहर से बाहर निकलते ही कड़क धूप देखने को मिलेगी। जिबनू यह सुनकर, जितना हो सकता था, हतप्रभ हुआ, जिसे देखकर सहयात्री को जितना मिल सकता था, सन्तोष मिला।

इस प्रकार होते-करते, शाम को सात बजे इस भीमकाय वाहन ने अत्यन्त तीव्र और डरावनी आवाजें पैदा करते हुए राजधानी में प्रवेश किया। राजधानी की स्वच्छता, सुन्दरता और जगमगाहट देखकर जिबनू भावविभोर हो उठा। भावविभोर हो चुकने के बाद उसने पाया कि, वाहन एक ऐसे स्थान पर रुक गया है जिसके बारे में जनश्रुति थी कि वहाँ चारबाग हैं, परन्तु तकनीक का चमत्कार देखिये कि दिखता एक भी नहीं था। वाहन से उतरकर जिबनू पैदल ही चलते हुए एक ऐसे स्थान पर जा पहुँचा जहाँ कहते थे कि एक टेण्टवाला भोजनालय था। पर यहाँ भी तकनीक का चमत्कार देखिये कि टेण्ट जो था वह देखने पर दिखता नहीं था। भोजनालय के नामपट्ट पर पढ़कर जिबनू ने जाना कि, यही टेण्टवाला भोजनालय है। यहाँ आलम यह था कि हर आदमी अत्यन्त भूखा आता था और जैसे ही अवसर

मिलता था, बिना प्रतीक्षा किये भोजन पर टूट पड़ता था। भोजनालय के बाहर एक लम्बी लाइन लगी थी और लोग स्थान खाली होने की प्रतीक्षा कर रहे थे। जिबनू ने अन्दाजा लगाया कि यह सम्भवतः राजधानी का एकमात्र भोजनालय रहा होगा।

राजपथ पर घूमते-घामते जिबनू ने कई जगहों पर किनारे-किनारे विशाल चित्र लगे देखे। प्रायः सभी चित्रों पर वृषभ प्रजाति के शासन के शिलालेख प्रस्तुत किये गये थे। उत्तम प्रदेश—उत्तर प्रदेश-जैसे तमाम महावाक्य पूरी राजधानी में बिखरे हुए थे। लगभग सभी चित्रों में तीन वृषभ श्रेष्ठों के चित्र थे, और कुछेक चित्रों में एक चश्माधारी नन्दी बना था। रोचक बात यह थी कि, वृषभों का सबसे बड़ा, सबसे छोटा लगता था। सबसे छोटा, मँझला और मँझला वृषभ सबसे बड़ा प्रतीत होता था। मँझले वृषभ के चेहरे पर सदैव एक निर्दोष-सी मुस्कान रहती थी जो कि उसके खानदानी वृषभ होने का द्योतक थी। जिबनू ने अपने अध्ययन में पाया कि इस प्रान्त में प्रायः तीन राजवंश थे जो बदल-बदलकर शासन करते थे। कई बार उन्हें मिल-जुलकर शासन करने का भी शौक चर्राता था, पर जल्दी ही उनकी काठ की हाँड़ी उतर जाती थी और पुनः एक-दूसरे के विरुद्ध जूतम पैजार का पवित्र और परम्परागत माहौल तैयार हो जाता था। गज चिह्न धारण करनेवाली प्रजाति भी एक शासक प्रजाति थी, जिसकी बागडोर इन दिनों एक महिला के हाथ में होना बतायी जाती थी।

शाम को एकान्त में बैठकर जिबनू ने लिखा... "प्रान्त का सामाजिक जन-जीवन धर्म और अध्यात्म से परिपूरित है। नागरिकगण प्रायः सभी धार्मिक त्योहार पूरी स्वतन्त्रता और स्वच्छन्दता के साथ मनाते हैं। इस कार्य में विशेषकर युवाओं का योगदान महत्त्वपूर्ण है। देवी पूजा के नौ दिन, अधार्मिक प्रवृत्ति के नागरिकों की प्रबल उपेक्षा, तिरस्कार और दण्डित करने का प्रचलन है। जगह-जगह युवा नागरिकगण, मद्य-भाँग-धतूरा आदि के नशे में उन्मत्त होकर, राह चलते अधार्मिक वर्ग की महिलाओं का स्तन मर्दन करते तथा पुरुषों की माँ-बहनों को विभिन्न प्रकार के पशुओं के साथ यौन-क्रियाओं हेतु निमन्त्रित करते चला करते हैं। जो लोग इस प्रकार की धार्मिक क्रियाओं के प्रति उदासीन रहते हुए, अपने परिवार के साथ कहीं अन्यत्र जा रहे होते हैं, धार्मिक लोग उनके वाहनों के अग्रभाग पर चढ़कर तब तक नृत्य किया करते हैं जब तक कि वह पर्याप्त मात्रा में पिचक न जाय। जगह-जगह

चौराहों पर देवी की प्रतिमाओं की स्थापना कर, दिन और रात निरन्तर सस्वर गायन प्रारम्भ रहता है। कोई इस महान् और पवित्र चीत्कार से वंचित न रह जाये, इसके लिए दूर-दूर तक सड़कों के किनारे बड़े-बड़े लट्ठ गाड़कर गोल तम्बूरे-जैसे हजारों यन्त्र लगाये जाते हैं जो सामान्य ध्वनि को भी इस स्तर तक पहुँचा देते हैं कि, वे कान के भीतर हिस्से तक कम्पन पैदा कर सकें। इन नौ दिनों में, अनेक दुष्ट और पापी लोग, बहरेपन, हृदय रोग, और मानसिक विकार के रोगी हो जाते हैं और जो पापीगण पहले से ही हृदयरोग से पीड़ित हों उन्हें तत्काल मोक्ष प्राप्त हो जाता है। यह सब उन गोल तम्बूरे-जैसे यन्त्रों से उत्पन्न ध्वनि के कारण ही सम्भव हो पाता है।

वर्षा ऋतु के लगभग प्रारम्भ में ही श्रावण मास के दिनों में अचानक गेरुए वस्त्र धारण किये हुए छोटे, बड़े, मँझोले युवकगण पूरे प्रान्त में जगह-जगह उत्पन्न हो उठते हैं और सड़कों के बिलकुल बीचो-बीच, सौ-पचास के दलों में एकत्रित होकर जल्दी-जल्दी कहीं जाने की स्थिति में दृष्टिगोचर होने लगते हैं। इन सबके हाथ में एक छोटी-सी मटकी होती है, जिसमें किसी पवित्र मानी जानेवाली नदी का जल होता है। ऐसे लाखों दल विभिन्न कस्बों, शहरों से गुजरते हुए टिड्डी दल की तरह सड़क के किनारे स्थित चाय, मिठाई, फल इत्यादि की दुकानों को साफ करते चलते हैं। आम आदमी से लेकर शासन-प्रशासन तन्त्र तक इनसे अत्यन्त भयभीत रहता देखा गया। इनकी सुरक्षा के लिए वर्दीधारी लोग तैनात किये जाते हैं तथा बड़े-बड़े राजमार्गों पर वाहनों का आगमन रोककर इनके लिए खाली करा लिए जाते हैं। इनके भ्रमण काल में रेलगाड़ी के आरक्षण अवैध हो जाते हैं, कई बार ये लोग स्वयं ही रेलगाड़ी चलाने की जिद करते हैं और कई बार तो सचमुच चलाकर ले भी जाते हैं। आम बोलचाल की भाषा में इन्हें बम कहा जाता है, और जब फटते हैं तो वाहन, मकान दुकान और थाने तक जलने लगते हैं।

प्रान्त की सामाजिक व्यवस्था का एक और पहलू अत्यन्त रोचक है। प्रायः वैवाहिक कार्यक्रमों के अवसर पर मुख्य मार्ग को घेरकर इस प्रकार तम्बू तान दिया जाता है कि उसके दायें या बायें कहीं से भी किसी मनुष्य मात्र के निकल जाने की सम्भावना शेष न रह सके। पुनः परीक्षण करने पर यदि कहीं ऐसी कोई सम्भावना दिख जाये तो वहाँ भी एकाध बाँस-बल्ली इस प्रकार आड़ी-तिरछी व्यवस्थित की

जाती है कि उपर्युक्त सम्भावना पूर्णतः समाप्त हो जाये। किसी माह की तिथि-विशेष पर, जबकि प्रायः सभी मुख्य मार्गों पर एक-एक वैवाहिक कार्यक्रम सम्पन्न हो रहा हो तो उस समय सामान्य जन को इस पूरे पण्डाल के ऊपर से उड़कर गुजर जाने की छूट रहती है। जो लोग इस कार्य में समर्थ नहीं होते वे प्रायः ऐसी तिथियों में अपने-अपने घर में बैठकर एक अत्यन्त प्रचलित गरम पेय पदार्थ पीते हैं और फिर गरम होकर सुविधानुसार पत्नियों तथा बच्चों की पिटाई करते हैं।

प्रान्त की अर्थव्यवस्था कृषि प्रधान है। तात्पर्य यह है कि अमूमन हर गाँव में कृषि होती है और एक प्रधान भी। कृषि जो है वह आम आदमी की अर्थव्यवस्था सँभालती है और प्रधान पूरे गाँव की अर्थव्यवस्था को समायोजित करता है। कई-एक गाँवों के एक समूह के बीच एक पीले रंग की पक्की-सी इमारत होती है, जो कि प्रधानों के उपर्युक्त समायोजन कार्य का पर्यवेक्षण करती है। इसे थाना या थाने कहा गया है। इस इमारत को व्यापक अधिकार प्राप्त हैं। कौन-सा व्यक्ति अपने निजी घर में गाँजा, भाँग या धतूरा की फसल उगा सकता है, और कौन नहीं उगा सकता, किसके घर में मदिरा-निर्माण का लघु एवं कुटीर उद्योग वैधानिक है और किसके घर में अवैध है, इसका फैसला यही इमारत करती है।

प्रयाग 15 मार्च :

आज लखनऊ से प्रातः 5 बजे एक लम्बे भीमकाय चौपहिया वाहन से प्रयाग की ओर प्रस्थान किया। जिस स्थान पर ये लम्बे भीमकाय चौपहिया वाहन एकत्रित होते थे वहाँ पर इसी प्रकार के एक विशिष्ट और निर्धारित रंग के अनेक चौपहिया थे। पूछने पर ज्ञात हुआ कि, ऐसे वाहन पूरे प्रान्त में चलते हैं जिन्हें शासन, जनता की सुविधा के लिए चलवाता है। इन्हें चलानेवाली संस्था निगम कहलाती है, जो कि इस प्रान्त की एक जाति-विशेष का भी नाम है। इसका उल्लेख यहाँ की एक प्रसिद्ध पुस्तक रामचरितमानस में भी हुआ है जिसमें इनके आने-जाने को आगम-निगम कहा गया है (आगम निगम पुरान बखाना)। इसके चलना प्रारम्भ होते ही अचानक लगा कि एक लम्बी दौड़ के पश्चात् यह उड़ना आरम्भ करेगी...परन्तु नहीं किया। मुख्य पथ के किनारे-किनारे उकड़ूँ बैठी हुई महिलाएँ पता नहीं क्यों इस वाहन को देखते ही तत्काल अपने स्थान पर सलामी की मुद्रा में खड़ी हो जाती

थीं। मेरा अनुमान है कि ऐसा शासकीय वाहन के प्रति सम्मान प्रकट करने का तरीका रहा होगा। लगभग पाँच-छह घण्टे की यात्रा के पश्चात् मैं एक ऐसे स्थान पर उतरा जिसे नागरिक रेखा (सिविल लाइन) कहा जाता था। निरन्तर एक सप्ताह भटकने के पश्चात् प्रयाग के सम्बन्ध में यात्रा-वृत्तान्त इस प्रकार है—

प्रयाग अर्थात् इलाहाबाद एक प्राचीन नगर है जहाँ तीन नस्लों के मनुष्य बहुतायत में उपलब्ध हैं, विद्यार्थी, वकील और पण्डे। एक चौथी नस्ल जो लगभग लुप्तप्राय है, वह है साहित्यकार (एक प्रसिद्ध प्रान्तीय कहावत की भाषा में कहें तो बस दवाई के लिए बचे हैं)। उनमें से कई एक ऐसे हैं जिन्होंने अपने साहित्य-सृजन के बलबूते कार खरीदी है, और कई ऐसे भी हैं जो अपनी कार के बूते साहित्यकार बने हैं। एक अन्य प्रजाति प्रकाशकों की भी है जो दुर्लभ संजीवनी बूटी की तरह थोड़ी-बहुत उपलब्ध है। शेष आबादी सामान्य जन की है जो ऊपर कथित तीनों नस्लों के हर्जे खर्चे पर जीविकोपार्जन करती है, यथा—पान, चाय, सब्जी, फल-फूल और किताबों का कारोबार करनेवाले जन। प्रयाग की आधी आर्थिकी विद्यार्थियों की आधारभूत सुविधाएँ जुटाने पर टिकी है और शेष आधी के लिए प्रान्त के अन्य हिस्सों से मनुष्यगण आयात किये जाते हैं। आयात करने का जिम्मा वकीलों और पण्डों ने आधा-आधा बाँट रखा है। उपर्युक्त दोनों नस्लों का मुख्य कार्य है—आयातित जन-समूह को मूँड़ना। पण्डे यह कार्य शब्दशः करते हैं, और वकील गण अर्थतः। रहे विद्यार्थी नस्ल के लोग, तो वे निरन्तर मुँड़ने के लिए यहीं डेरा डाल देते हैं। प्रयाग में उच्च दरबार, संग्रहालय, धोबीघाट, यमुना पुल, आनन्द भवन, दारागंज, कम्पनी बाग, महालेखा पुलिस मुख्यालय, आबकारी, नागरिक रेखा, संगम, काफी हाउस और मीरगंज के अतिरिक्त एक विश्वविद्यालय भी है, जहाँ पठन-पाठन का इतना सुन्दर माहौल बताया गया कि आस-पास के अन्य विद्यालयों के विद्यार्थीगण भी माहौल के इस सौन्दर्य पान हेतु परिसर के भयमुक्त वातावरण में आने की इच्छा रखते पाये गये। परन्तु कतिपय क्रोधी और सौन्दर्य भावना से वंचित आचार्यगण उपर्युक्त प्रवृत्ति को सीमित रखने के लिए अचानक परिचय-पत्रों की जाँच की कार्यवाही करने लगते हैं और बाहरी छात्रों के प्रति निन्दा एवं प्रताड़ना की कार्यवाही करने लगते हैं। तथापि इससे, बाहरी विद्यार्थियों में उतना हतोत्साहन नहीं दिखा जितना कि आचार्यगण समझते हैं। माह

में दो-तीन प्रकरण ऐसे भी निकल आते हैं जिनकी चर्चा, अगले दो दिन तीन माह तक समस्त विद्यार्थी समाज को सुख देती है।

विश्वविद्यालय परिसर भ्रमण के दौरान ज्ञात हुआ कि परिसर का सबसे महत्त्वपूर्ण भाग, वास्तव में परिसर से बाहर, महिला छात्रावास के भवन हैं जोकि संख्या में तीन हैं परन्तु बाहर से एक दिखायी पड़ते हैं। मुझे किसी पण्डे ने (मूँड़ने के पश्चात) बताया था कि ब्रह्मा, विष्णु व महेश नाम के देवता भी तीन हैं किन्तु वे एक ही ईश्वर के तीन रूप हैं। विश्वविद्यालय के अनेक छात्रावासों के विद्यार्थीगण, चाहे विश्वविद्यालय के सभी विभागों को न जानते हों, पर वे महिला छात्रावास को अवश्य जानते हैं तथा उनका पूरा प्रयास यह रहता है कि वे छात्रावास की सभी छात्राओं को भी जानें। इस दिशा में ए.एन.झा. तथा पी.सी.बी. नामक छात्रावासों ने उल्लेखनीय प्रगति की है। कई छात्र तो महिला परिसर की निवासिनों की दैनिक दिनचर्या पर शोध का इरादा रखते हैं जिसका प्रारम्भ वे स्नान नामक एक जरूरी दिनचर्या के अवलोकन से करना चाहते हैं परन्तु ऐसे गहन और व्यापक ज्ञान की जिज्ञासा रखनेवाले ज्ञानपिपासुओं की असुविधा हेतु छात्रावासों के इर्द-दिर्ग ऊंची दीवार बनायी गयी है। मैंने सुना है कि भूतकाल में कुछ ज्ञानपिपासु और साहसी लोगों द्वारा, बावजूद उक्त बाधाओं के, छात्रावासों की आन्तरिक संरचना को जानने के जोखिम भरे प्रयास हुए हैं, परन्तु बहुधा उनके परिणाम नकारात्मक और दुःखद रहे हैं। ऐसे हर प्रयास के बाद, पता नहीं क्यों दीवारों की मजबूती और बढ़ा दी गयी है तथा सुरक्षा तन्त्र और मजबूत कर दिया गया है। अतः मैं भी अपने यात्रा-वृत्तान्त हेतु उक्त परिसर के भीतरी भागों का अवलोकन कर पाने में असमर्थ रहा।

दिल्ली 17 जुलाई :

घूमते-घूमते मैं वर्षाकाल के प्रारम्भ होते-न-होते भारत की राजधानी पहुँच गया। यहाँ दो दिल्ली हैं—एक नयी और दूसरी पुरानी। नयी दिल्ली, पुरानी की तुलना में नयी है और पुरानी दिल्ली नयी की तुलना में पुरानी। सम्भवतः इसीलिए इनका नाम क्रमशः नयी व पुरानी दिल्ली पड़ा होगा ऐसा मेरा मत है। जिस समय मैं दिल्ली पहुँचा, वहाँ किसी बड़े खेल की तैयारियाँ जोर-शोर से की जा रही थीं।

चारों तरफ खाकी वर्दी पहने सिपाही जन बेंत फटकारते घूम रहे थे। बड़े-बड़े खेल आगार बनाये जा रहे थे। दूर देश से आनेवाले खिलाड़ीगणों के लिए आवासीय व्यवस्थाएँ की जा रही थीं। इतने बड़े पैमाने पर निर्माण और व्यवस्थाएँ देखकर मैं हतप्रभ था। एक बड़े निर्माण कार्य के पास से गुजरते हुए मैंने देखा कि कई लोग झगड़ रहे थे। ज्ञात करने पर पता चला कि वे दो दल में थे और निर्माण कार्य कराने के विशेषज्ञ प्रतीत होते थे। प्रत्येक दल चाहता था कि सामने होने जा रहे निर्माण का जिम्मा वो सँभालें। कार्य करने की, और जिम्मा सँभालने की इस प्रबल प्रतिबद्धता को देखकर मेरी आँखों में आँसू आ गये। वे प्रबल राष्ट्रवादी थे और राजधानी में हो रही तैयारियों का बड़ा-से-बड़ा हिस्सा खुद सँभालना चाहते थे। इस कार्य को हर हाल में करने का उनका जज्बा इतना तीव्र था कि वे इसके लिए एक-दूसरे का गला काट देने की तत्पर थे। बलिदान और कार्य करने की उत्कट इच्छा देखते ही बनती थी, अतः मैंने छककर देखा। मेरे देखते-ही-देखते उन्होंने उस निर्माण को पूरा कर लिया और आगे बढ़ गये। मैं अभिभूत होकर उन्हें जाते देखता रहा। जब वे चले गये तो मैंने पीछे मुड़कर देखा और पाया कि अब पुनः दो नये दल उस निर्माण को गिरा रहे थे और आपस में झगड़ा कर रहे थे, कि वे उसे बनायेंगे। तभी वहाँ एक विशेष जाँच दल आया और पूछा कि कितना बन गया तो दोनों दलों ने बताया कि अभी बस शुरू ही किया है और पूरी उम्मीद है कि आज दोपहर से पहले इसे बना ही डालेंगे। इस असत्य भाषण को सुनकर मुझसे रहा नहीं गया। मैंने जाँच दल को बताया कि, दरअसल यह निर्माण कार्य पहले ही पूरा हो चुका था, लेकिन ये लोग इसे गिराकर पुनः दूसरा बना रहे हैं। मेरे इतना कहते ही उस जाँच दल के एक कद्दावर सदस्य ने मुझे धर पकड़ा और बोला कि "मिल गया वो आतंकवादी, जो हमारे बने-बनाये निर्माण को गिरा देता है और मजबूरी में हमें दुबारा बनाना पड़ता है। इसीलिए इतना ज्यादा पैसा खर्च हो रहा है!" फिर वे लोग मुझे अपने कार्यालय ले गये जहाँ तलाशी के दौरान मेरी चुरुट, चकमक पत्थर और मशक छीनकर जमा करा ली गयी। फिर मुझसे पूछा कि तुम्हारा पासपोर्ट कहाँ है? चूँकि मैं पासपोर्ट नाम के किसी व्यक्ति को नहीं जानता था, इसलिए चुप रहा। फिर वे आपस में बात करने लगे कि यदि इसे छोड़ा गया तो यह हमारा खेल खराब कर देगा। यह सुनकर मैंने क्षमा-याचना के साथ विनती

की कि, अभी तो आप लोगों के खेल शुरू होने में काफी वक्त है, अभी तो इस निर्माण कार्य को देखकर ही अन्दाजा लगाया जा सकता है कि खेल शायद अगले वर्ष ही शुरू हो पायेंगे।

मेरी इस बात पर वे मुस्कुराये और मुझे कुटिल भाव से देखा। फिर बोले, बेवकूफ! असली खेल तो अभी चल रहा है जिसका गोल्ड मेडल हम जीत भी चुके। बाकी लोग तो कसरत करने आ रहे हैं। यह सुनकर मैं चक्कर खाकर गिरा और जब उठा तो पाया कि पानी के एक जहाज पर था जो मेरे वतन की ओर जा रहा था। शायद उन भले आदमियों ने मेरा किराया चुकता कर मुझे जहाज के कप्तान के सुपुर्द कर दिया था।

इस प्रकार अधूरी यात्रा छोड़कर वापस लौटने का मुझे दुःख तो बहुत हुआ लेकिन उससे कहीं ज्यादा दुःख इस बात का हुआ कि अब मेरी किताब नहीं छप सकेगी और मैं अपने परदादा का नाम रौशन भी नहीं कर सकूँगा, हालाँकि उनका नाम इब्नबतूता था।

●

लिखाना एक एफ.आई.आर. का!

जैसा कि आप जानते होंगे, हर पेशे की अपनी एक भाषा होती है। शायद इसीलिए एक ही पेशे से जुड़े दो लोग, अजनबी होते हुए भी एक-दूसरे को पहचान लेते हैं। अब जैसे पुलिस को ही लें, जब एक मुस्तैद सिपाही किसी मुस्तैद चोर को पकड़ता है तो सबसे पहले उसे, जिस केन्द्र पर लाया जाता है वह थाना कहलाता है और उस थाने का जो सबसे बड़ा होता है वह थानेदार कहलाता है। अब होता यह है कि, वह चोर जो है कानून की भाषा में मुलजिम है, और अदालत जब तक सजा न सुना दे, उसे मुजरिम नहीं कहा जा सकता। अब यह जो हमारी पुलिस है, उसे हर काम लिखत-पढ़त में नियम-कानून के दायरे में ही करना होता है, और नियम-कानून आदि में कहीं कोई प्रावधान नहीं है जो डण्डा परेड, कसना, उठा लेना-जैसे शब्दों को समाहित कर सके। तो क्या है कि, बड़ी मुश्किल पेश आ जाती है। इन्हीं सारी मुश्किलों के समाधान के लिए एक भाषा ईजाद हुई है जिसे पुलिसिया भाषा कहते हैं, और लिखत-पढ़त में वही भाषा नियम-कानूनों से ऐसा संगत बैठाती है कि अच्छे-अच्छे हाकिम-हुक्काम भी चक्कर खा जायँ।

अब साहब होता यह है कि, एक चोर जो ताजा-ताजा कल शाम ही गिरफ्तार हुआ है, बड़ी सादगी के साथ हवालात में बन्द किया जाता है। खाने-पीने का पूरा ध्यान रखते हुए उसे कहा जाता है कि, अब आप आराम करें क्योंकि जिसे गिरफ्तार किया जाता है उसे सुबह कोर्ट में पेश किये जाने की परम्परा है। अब पता नहीं क्यों पुलिस के साथ ही यह मुश्किलात पेश क्यों आती है कि सुबह जब चोर को हवालात से निकाला जाता है तो वह एक बार खड़ा होने के बाद तकरीबन तीन-चार बार गिर पड़ता है। अब साहब हवालात की हवा में ही ऐसी कोई कमजोरी हो तो नहीं कह सकते लेकिन एक और भी मुश्किल बात यह है कि चोर के सारे बदन में भी जगह-जगह छिलने, कुटने और रगड़ने सम्बन्धी निशानात हैं। अब

थाना स्टाफ हैरान परेशान कि मरदुये ने पता नहीं रातभर हवालात की दीवारों से क्या पंगा लिया कि ऐसी नौबत आन पड़ी, जबकि कल रात बन्द किया गया था तो एकदम ताजा और ठीक-ठाक था। तब लिखना पड़ता है कि, समस्त चोटें दौरान गिरफ्तारी गिरते-पड़ते आयीं, फिर नीचे थाने की गोल मुहर और लीजिये कागज एकदम पुख्ता... नियम-कानून का कोई उल्लंघन नहीं... और लगे हाथ मानवाधिकार की भी ऐसी-की-तैसी।

अब ये तो पुलिस की एक मुश्किल हुई, बेचारे काम करते समय किन-किन मुश्किलातों का सामना करते हैं कि आप लोग सुनें तो चक्कर खाने की सोचने लगें। यह फेहरिस्त हालाँकि काफी लम्बी है लेकिन कुछेक अनुभवी अफसरों की जुबानी जो सुनने में आया है उनमें से एक थानेदार साहब की सुनिये...। उन्होंने अपनी पूरी थानेदारी के जीवन-काल में जितनी भी चोरियों के मामले दर्ज किये, सब-के-सब मामलों में गम्भीर तफ्तीश के बाद चोर वही निकले जिन्होंने चोरी की रपट दर्ज करायी थी। हालाँकि माल कभी बरामद नहीं हो सका, लेकिन चोर हमेशा पकड़ा गया और कई बार तो सचमुच सजा भी हो गयी। हत्याओं के मामलों में भी कमोबेश इनका यही रिकार्ड रहा। अब साहब जरा आम जनता की कमीनगी देखिये कि, आदमी ने खुद को गोली मारकर आत्महत्या की, तत्पश्चात् हथियार गायब कर दिया ताकि पुलिस हलाकान हो। और घरवालों का ईमान देखिये कि चले आये तीन सौ दो की एफ.आई.आर. लिखाने। पर वो तो कहिये कि थानेदार साहब का अनुभव हर मामले में काम आया और उन्होंने ऐसे कथित 302 के सारे मामलों को आत्महत्या का मामला साबित कर ही दिखाया। अपने नौकरी काल में इनकी कुछ ऐसी विडम्बना रही कि इन्होंने चाहे एक बोरा गाँजा पकड़ा हो या दो बोरा अफीम, पर तौलाने के बाद वह कभी सौ ग्राम से ज्यादा नहीं निकली। बहरहाल जितनी भी निकली, उसे पूरी ईमानदारी से उन्होंने सरकारी मालखाने में जमा कराया। कालान्तर में ये डिप्टी एस.पी. के पद से रिटायर हुए, सर्वोत्कृष्ट सेवा का राज्यपाल पदक हासिल किया और अपनी छह बेटियों की शादी आई.ए.एस. और आई.पी.एस. अफसरों से की। आजकल राजनीति में हैं और एक स्वयंसेवी संस्था चलाते हैं। क्योंकि स्वयं की सेवा का इनका लम्बा अनुभव रहा है और मरते दम तक ये उसे सबको बाँटना चाहते हैं।

अब बात चल ही निकली है तो मूल विषय से भटककर, इनके एकाध अनुभव और उँड़ेल देता हूँ। महोदय एक बार कानपुर के एक पाश इलाके के थानेदार होते थे, जहाँ अधिकांशतः बड़े डॉक्टर, इंजीनियर और उद्योगपति टाइप के लोग रहते थे। उन्हीं में से एक बड़े उद्योगपति संयोग से कप्तान साहब के क्लासमेट रह चुके थे और दोनों में अभी भी अच्छी निभती थी। अब थानेदार साहब की नजर में तो, जो उनके इलाके का बाशिन्दा हो वह संवैधानिक रूप से उनकी प्रजा की श्रेणी में आता था। पर ये जो उद्योगपति थे, सम्भवतः संविधान में उनकी जानकारी कमजोर थी सो वह थानेदार साहब को निकलते-बैठते बात-बात पर जलील कर देते थे। कई बार तो कप्तान साहब के साथ बीयर-शीयर की महफिल के दौरान ही टिप्पणी कर बैठते थे कि हमारे इलाके का दारोगा जो है वह निहायत ही अहमक और बदमिजाज है। इसका परिणाम यह होता था कि थानेदार साहब की अगले दिन ही बड़े कप्तान के दरबार में पेशी होती थी और पेशी से फारिग हो चुकने के बाद वे लगभग पूरे दिन पेचिश के शिकार रहते थे। आखिर एक दिन थानेदार साहब के अहमकाना दिमाग में एक बल्ब जला और आनन-फानन में कार्यवाही करते हुए उन्होंने रात दस बजे एक खाली बोरा मँगाया। एक आवारा कुत्ता जो जी.टी.रोड में ताजा-ताजा ट्रक की सेवा में हाजिर हो गया था, उसकी खून आलूदा लाश उसी बोरे में भरवायी, और रात के बारह बजे जा फिंकवाया उद्योगपति महोदय की फैक्ट्री के अहाते में। फिर रात साढ़े बारह बजे, जबकि कप्तान साहब के सोने का समय होता था, उद्योगपति के आलीशान बँगले पर जा धमके। बाहर खड़े चौकीदार ने जब इगिर-दिगिर किया तो उसके चूतड़ पर चार डण्डे फटकारे और बताया कि साहब से अभी मिलना जरूरी है। इस सुपरफास्ट सेवा के पश्चात् चौकीदार को भी विश्वास हो गया था कि बात बहुत ही गम्भीर किस्म की है और थानेदार साहब को अपने साहब से अभी मिलवाना जरूरी है। आखिरकार उद्योगपति आँखें मलते हुए निकले और थानेदार को सदल बल देखा तो लाल भभूका हो उठे। बोले कि अच्छा तो अब रात-बिरात शरीफों के घर भी धावा बोलने लगे? ...अभी कप्तान से बात करता हूँ और वर्दी उतरवाता हूँ! तुम्हारी हिम्मत कैसे हो गयी आधी रात को मुझे डिस्टर्ब करने की?

....थानेदार साहब अत्यन्त दयनीय स्वर में हाथ जोड़कर बोले कि आप लोग बड़े लोग हैं हुजूर, चाहें तो फाँसी चढ़वा दीजियेगा। पर क्या करें फर्ज से गद्दारी नहीं कर सकते। आपकी फैक्ट्री के अहाते में एक सोलह साल की लड़की से बलात्कार करके बड़ी बेरहमी से कतल किया गया फिर लाश बोरे में बन्द कर वहीं अहाते में फेंक दिये जाने की सूचना मिली है। कहनेवालों का कोई मुँह पकड़ सका है हुजूर? कहनेवाले तो यहाँ तक कह रहे हैं कि सब आपके इकलौते साहबजादे की करामात है। पर कोई फिकर की बात नहीं है, एक बार मामला जी.डी. में दर्ज हो जाय तो तफ्तीश में सब साफ हो जायेगा और मैं खुद उनके मुँह तोड़ दूँगा जिन्होंने ऐसा बेजा अफवाहे हुजूर के खिलाफ फैलायी हैं। बस आप जरा एक तकलीफ कर, हमारे साथ चल के लाश की शिनाख्त कर लें।

उद्योगपति महोदय तत्क्षण ही औकात में आ गये। नाइट गाउन पहने हुए ही जीप में बैठे और जा पहुँचे फैक्ट्री पर। जीप की हेडलाइट में ही देखा कि अहाते में एक बन्द बोरा पड़ा है और उससे निकला हुआ खून आसपास फैला हुआ है। इस हौलनाक सीन को देखते ही उद्योगपति महोदय जीप से उतरे और थानेदार साहब के पैर पकड़ लिए। बोले कि अब आप ही बचा सकते हैं इन्स्पेक्टर साहब, वरना इस तफ्तीश के चक्कर में फैक्ट्री को ताला लगेगा सो अलग और बेटा भी जेल जायेगा। सन्तुष्टिपूर्ण डकार लेकर थानेदार साहब ने उन्हें समझाया कि आप घबराते क्यों हैं? सुबह कप्तान साहब से बात कर लीजियेगा, सब रफा-दफा हो जायेगा... अभी तो आप मेरे पैर छोड़िये और मुझे अपना काम करने दीजिये। उद्योगपति समझ गये कि थानेदार साहब बिना भिगोये ही जूता मार रहे हैं। बोले... "कप्तान साहब को क्यों बीच में लाया जाय, जो हैं... आप हैं। आप तो इलाके के मालिक हैं, कप्तान साहब तो आज हैं.... कल नहीं हैं।"

...हाँ लेकिन..?

...लेकिन-वेकिन छोड़िये, आप तो बस आदेश करिये...!

...मेरा क्या है...? पर ये चार कान्स्टेबिल हैं, एक ड्राइवर है.... किसी ने मुँह खोल दिया तो? आप तो सुबह मुझे पहचानेंगे भी नहीं...।

...ऐसा क्यों कहते हैं? अच्छा बताइये कितना कर दूँ?

...पाँच के हिसाब से दस कर दीजिये...।

...ज्यादा है....

चलिये आठ करिये...।

...सात रखा है...।

...चलिये एक बाद में कर दीजियेगा। आप बड़े लोग हैं...कहकर मुकरेंगे थोड़ी।

...ठीक है, पर निपटेगा कैसे?

...वो आप हम पर छोड़िये। ...ऐ रामप्रसाद! ला बोरा घसीट के, जीप में डाल और फेंक गंगा मइया में...। न रहेगी लाश और न बजेगी लासुरी।

...और कल लाश बरामद हुई तो?

...तो गंगा में न? पता नहीं कहाँ से बहकर आयी हो। आपकी फैक्ट्री से क्या मतलब? अब आप जाइये और आराम करिये... अच्छा मैं साथ में चलता हूँ आपको छोड़ भी दूँगा और वो अभी सात... बाकी फिर।

तो साहब, इस तरह मामला सुलझा। फिर जब तक थानेदार साहब इस इलाके में रहे, तब तक उद्योगपति के यहाँ से हर तीज-त्योहार मिठाई आती रही। ये तो था अनुभव निचोड़, जो निचुड़ गया। अब मूल विषय पर आते हैं... मैं आपको पेशागत भाषायी परिचय दे रहा था। वो भी इसलिए कि हर विभाग की अपनी एक टर्मिनालॉजी होती है, और अगर आपसे उसका परिचय नहीं है तो मुश्किल खड़ी हो सकती है। अब हमारे एक परम मित्र पाण्डे जी की ही बात लीजिये, जिनका, अपना एक जनरल स्टोर है। रात तकरीबन आठ-नौ बजे के बीच स्टोर बन्द करके पाण्डे जी घर चले गये। रात में बारह बजे होंगे जबकि स्टोर के आस-पास टहल रहे चौकीदार को लगा कि स्टोर के अन्दर कोई है। चौकीदार ने ध्यान से देखा तो पाया कि स्टोर का ताला टूटा है, बाहर ही टूटा ताला और एक सरिया पड़ा है, शटर हलका-सा खुला है, तात्पर्य यह कि चोर या तो दुकान के अन्दर है, या फिर दुकान के अन्दर था। चौकीदार ने अपने चौकीदारी धर्म का पालन करते हुए, सबसे पहले शटर को जोर से बन्द किया, टूटा हुआ ताला कुण्डी में पहनाया और जाकर पाण्डे जी को सूचना दी। पाण्डे जी ने अपने अड़ोस-पड़ोस में एकाध उपलब्ध लोगों को जगाया, चौकीदार को लिया और जा पहुँचे दुकान पर।

दुकान पर पहुँचकर पाण्डे जी ने एहतियात बरतते हुए सबसे पहले वार्त्ता के स्तर से प्रारम्भ किया। कहा भी गया है कि, बातचीत से दो देशों के बीच के मसले भी सुलझ जाया करते हैं। यहाँ भी समस्या दो पक्षों की थी। चोर जो था, बेचारा अनावश्यक ही दुकान के भीतर कैद होकर रह गया था, और इधर पाण्डे जी की भी हिम्मत नहीं थी कि अचानक दुकान के अन्दर दाखिल हो जायें। सो वार्त्ता इस प्रकार आरम्भ हुई....

पाण्डे जी— भीतर ही हो कि निकल गये?

चोर— भीतर ही हूँ।

पाण्डे जी— कुछ हथियार-वथियार है कि बस ऐसे ही?

चोर— हथियार नहीं है...।

पाण्डे जी— कोई कट्टा-वट्टा हो तो बता दो... क्योंकि हमारे पास तो राइफल है।

चोर— तो क्यों फट रही है?

पाण्डे जी— नहीं फट नहीं रही है, लेकिन हम व्यर्थ का खून खराबा नहीं चाहते।

पाण्डे जी के इस अहिंसक विचार से चोर सम्भवतः प्रभावित हुआ, इसलिए थोड़ा नरम पड़ते हुए बोला...वही एक सरिया थी, जो बाहर ही पड़ी होगी।

पाण्डे जी— तो ठीक है तैयार रहना हम शटर खोल रहे हैं।

चोर— हाँ खोलो।

पाण्डे जी— खोल रहे हैं?

चोर— लिख के दूँ क्या? खोलते क्यों नहीं...?

अब राम का नाम लेते हुए शटर खोला गया। चोर शटर से बाहर नमूदार हुआ। एक हाथ में काजू और दूसरे हाथ में ब्रिटानिया बिस्कुट का पैकेट था। बाहर निकलते ही सबसे पहले उसने जानना चाहा कि दुकान का मालिक कौन है। दो-तीन लोगों को अपने अगल-बगल खड़ा कर, उनके बीच में घुसकर पाण्डे जी ने अपना संक्षिप्त परिचय दिया कि मैं ही हूँ। चोर ने फटकारा कि गल्ले में सवा तीन रुपये पड़े हैं, ऐसी ही मुफलिसी आयी हुई है तो यह दुकान-फुकान छोड़कर हमारे

साथ काम क्यों नहीं करते? पाण्डे जी ने अफसोस व्यक्त किया, क्षमा माँगी और भविष्य में उसकी बात पर विचार करने का वचन दिया। परिचय हो चुकने के बाद, पाण्डे जी ने कहा कि विचार हो तो कोतवाली की ओर कूच किया जाय क्योंकि चोर अगर पकड़ा जाता है तो थाने भी चलने की होती है। साथ के लोग थके-माँदे हैं और आपको पुलिस के हवाले करने के बाद जल्दी लौटकर सोना चाहते हैं। चोर ने सबसे ऊपर दयाभाव से निगाह डाली और अँगड़ाई लेते हुए बोला.. अब आज तो क्या लौट पायेंगे, लेकिन ठीक है...चलिये!

आखिर काफिला चला। लोग आगे-आगे और चोर पीछे-पीछे। रात तकरीबन डेढ़ बजे यह हुजूम कोतवाली पहुँचा। कोतवाली पहुँचकर पता चला कि कोतवाल साहब तो बँगले पर सोने चले गये हैं, लेकिन उससे कोई खास दिक्कत नहीं है बल्कि सहूलियत ही है कि एफ.आई.आर. बिना ज्यादा हील हुज्जत के लिख जायेगी। तो साहब! एक अत्यन्त परम्परागत मुन्शी जो एक बड़े-से ऊँचे सीमेण्टेड चबूतरे पर बैठा था, और एक अपेक्षाकृत कम परम्परागत दीवान ने दरियाफ्त शुरू की। चोर को चबूतरे के नीचे बिछी एक दरी पर बैठा दिया गया, जहाँ बैठकर वह जेब से काजू किशमिश वगैरह निकालकर खाने में मशगूल हो गया। इस बीच दो-तीन पुलिसवाले भीतर आये, और चोर को देखकर... "और गुरु! कब आये?" कहकर धौल धप्पे की हुई। पुलिसवाले चले गये और चोर पुनः काजू खाने में व्यस्त हो गया।

...हाँ तो साहब, क्या हुआ? दीवान जी ने यहाँ से शुरू किया।

...यह चोर हमारी दुकान में घुसा था!...पाण्डे जी ने चोर की ओर इशारा करते हुए बताया।

...हाँ तो तुम कोतवाली में नहीं घुस आये? घुसना कोई अपराध है? ये बताओ कि हुआ क्या?

पाण्डे जी के पित्ते ढीले पड़ गये। उधर साथ में आये लोगों ने अपने-अपने पित्ते और कस लिए ताकि वक्त जरूरत ढीले न पड़ें। पाण्डे जी ने एक बार दम साधकर पूरी कहानी सुनायी। दीवान जी ने पूरी कहानी सुनकर पुनः मूल प्रश्न दोहराया। इस बार पाण्डे जी ने जरा ठहर-ठहरकर अत्यन्त गम्भीरतापूर्वक पूरी कहानी दोहरायी, लेकिन मूल प्रश्न फिर हाजिर था...आखिर हुआ क्या है? अब

की बार खुद पाण्डे जी की ही समझ में नहीं आया कि हुआ क्या है। दीवान जी ने पाण्डे जी के असमंजस को भाँपकर, अब की बार अपना प्रश्न और स्पष्ट किया... "आपके यहाँ चोरी हुई है?"

पाण्डे जी ने कहा... "नहीं! लेकिन अगर हम लोग न आते तो हो जाती।"

दीवान फुफकारा.. "बुड़बक हौ का बे? ये होता तो वो जाता... एफ.आई.आर. लिखा रहे हौ कि किस्सा-कहानी सुना रहे हौ? ऐ यादव तनि हिंयाव तौ!"

पाण्डे जी थोड़ा पीछे खिसक आये। साथ आये लोगों में से किसी ने टहोका... "दीवान जी को चाय-वाय मँगाओ भाई! रात का दो बज रहा है, दिमाग की माँ.. जाती है काम करते-करते!"

दीवान जी ने वक्ता की ओर प्रशंसनीय दृष्टि से देखा... फिर बोला क्या बतायें भाई साहब! ड्यूटी ही ऐसी है।

चाय आ गयी। अगली तफ्तीश चाय पर केन्द्रित हुई। दीवान जी ने बताया कि कोतवाली के बाहर जो दुकान है, जहाँ से यह विशिष्ट चाय आयी है वैसी चाय पूरे विश्व में नहीं बनती। चोर भी अब तक बातचीत में शरीक हो गया था, सो उसने बताया कि क्या मजाल जो चायवाला कोतवाली के भीतर आनेवाली चाय में एक बूँद पानी मिला दे। मुंशी ने उसके पीछे की वजह स्पष्ट की अगर वह ऐसा करेगा तो उसकी माँ नहीं...देंगे? सबने इस पर सहमति जाहिर की, तब तक चाय भी खतम हो गयी। थी। दीवान जी ने अबकी थोड़ा तरोताजा होकर, कदरन कम कठोरता के साथ पूछा... हाँ तो पाण्डे जी! अब बताइये, हुआ क्या है? रात के तकरीबन तीन बजने को थे, पाण्डे जी को भी अब लगने लगा था कि कुछ हुआ-उआ नहीं है, सब उग्रवादियों का प्रोपेगण्डा है। उन्होंने अपनी तरफ से पटाक्षेप करने के अन्दाज में कहा... छोड़िये दीवान जी! कुछ खास नहीं हुआ। आपको भी बेकार में ही तकलीफ दी, हटाइये भी।

दीवान जी का जैसे त्रिनेत्र खुल गया। दहाड़कर बोले.. जब कुछ हुआ ही नहीं तो इस भले आदमी को रात के दो बजे घसीट के कोतवाली क्यों ले आये? इनकी नींद खराब की...हमारी नींद खराब की और तुम्हारी तो हम अब खराब करेंगे। पाण्डे जी के तिरपन से लेकर पचपन-छप्पन तक काँप गये। अन्त में, जिसे चोर कहा गया था, उस भले आदमी ने बीच में पड़कर दीवान जी को समझाया-

बुझाया। भले आदमी और दीवान जी के साथ-साथ मुन्शी जी की भी नींद खराब करने का हर्जाना पाँच हजार ठहरा जिसे पाण्डे जी के बहुत रिरियाने पर तीन हजार पर फाइनल किया गया। पाण्डे जी ने साथ गये लोगों से माँग-मूँगकर किसी तरह हर्जाना भरा और होते-करते सुबह पाँच बजे घर पहुँचे। वो दिन है और आज का दिन है, पाण्डे जी एफ.आई.आर. का नाम सुनकर ही बड़ी मुश्किल से यह शेर फरमाते हुए गश खाकर गिर पड़ते हैं—

मैं बहुत-कुछ सोचता रहता हूँ पर कहता नहीं
बोलना भी है मना, सच बोलना तो दरकिनार
इस सिरे से उस सिरे तक सब शरीके जुर्म हैं
आदमी या तो जमानत पर रिहा है, या फरार

•

....एक सुबह!

कहते हैं कि ऊपरवाले ने जब इन्सानी जिस्म को पुरकशिश साँचे में तब्दील किया तो बोनस के तौर पर, जानवरों से अलग टाइप का एक और हिस्सा भी अता किया, जिसे डॉक्टर लोग दिमाग कहते आये हैं। हालाँकि इस सवाल पर, कि यह अता-ए-खुदायी जिस्म के किस हिस्से में मौजूद है, अलग-अलग विद्वानों के अलग-अलग मत हैं। बाज लोग इसे घुटने के आस-पास कहीं मौजूद मानते हैं तो कुछ का मानना है कि यह हिस्सा अमूमन घास चरने में व्यस्त रहता है खास तौर से जब इसकी जरूरत हो। घास से इसे पर्याप्त मात्रा में विटामिन और आयरन मिलता है जो इसे लोहे-जैसा मजबूत बनाता है, इस प्रकार मजबूत होते-होते एक दिन यह इतना मजबूत हो जाता है कि, फिर किसी काम के लिए नहीं हिलता। एक और भी खास तकसिरा जो सामने आया है वो यह कि, औरतों का दिमाग, आदमी के दिमाग की तुलना में ज्यादा फ्रेश, नया और बिना घिसा-पिटा होता है, और ऐसा उसके इस्तेमाल न होने या कम इस्तेमाल होने की वजह से है। इसीलिए भर्तृहरि टाइप के किसी विद्वान् द्वारा कहा गया है कि, किसी चीज की साज-सँभाल सीखनी है तो औरतों से सीखो।

वैसे उपर्युक्त बक-झक की कोई खास वजह न थी, और न ही हमारे पास इतना टाइम हुआ करता है कि हम आपसे अनर्गल उलझें। लेकिन हुआ ये है कि, आज सुबह-सुबह ही त्रिपाठी बड़ी बेइज्जती करके गया है। दरअसल हमारे साथ एक बड़ी ट्रेजडी हुई... जो हमने तफसील से त्रिपाठी को बतायी, तो बजाय हमारे आँसू पोंछने के, छूटते ही बोला कि यार तुम्हारे पास तो दिमाग ही नहीं है। अब इसके अलावा कोई चारा नहीं है कि, सारी बात आपको तफसील से बतायें और यह तय किया जाय कि आपके पास भी है कि नहीं।

तो वाकया कुछ यूँ हुआ कि, आज सुबह-सुबह तकरीबन छह बजे का वक्त हुआ चाहता था, जबकि हम जिन्दगी में पहली बार सुबह की शबनमी हवा खाने

निकले थे। हमारा निकलना क्या था, जैसे कयामत बरपा हुई... आसमान से सैकड़ों की तादाद में फूल वगैरा बरसे-देवता लोगों ने तुरहियाँ बजायीं और हर कदम पर, बनारसी चायवाले से लेकर, बुक स्टालवाले तारिक भाई तक सभी लोगों ने एक बार आँखें मलकर हमें देखा और घबराये कि कहीं हमें नींद में चलने की बीमारी ने तो नहीं धर दबोचा? लेकिन जब हमने उन्हें कसम खाकर यकीन दिलाया कि आज बस यूँ ही मूड बन गया सो टहलने निकल पड़े, तब जाकर कहीं लोगों को विश्वास आया कि हम सचमुच उठ बैठे हैं और सचमुच ही टहलने निकले हैं।

बहरहाल, आगे बढ़े तो फव्वारे चौराहे से सीधे जाकर ज्यों ही स्टैनली रोड पर मुड़ना हुआ कि एक खूबसूरत (उन दिनों पर्यावरण को पता नहीं क्या हो गया था कि हर दिखनेवाली लड़की खूबसूरत ही हुआ करती थी), दिलफरेब... अलबत्ता मासूम-सी दिखनेवाली नाजनीन न केवल दिखी, बल्कि, हमें देखकर कुछ ऐसे मुस्करायी कि हमने मूर्च्छित हो जाने का उपक्रम किया... जो कि हो भी न पाये थे कि उसने पूरी नाजो अदा से अपनी शहतूती आवाज में पूछा..."आप यूनिवर्सिटी में पढ़ते हैं न?"

यकीन मानिये जनाब, अगर हम किसी मदरसे में भी पढ़ते होते, तो भी उस वक्त हमारा जवाब हाँ में ही होता। जिस पर फख्र की बात यह थी कि उसका कहना वाकई सच था। हमने अपने-आपको सँभालने की मुख्तलिफ कोशिश करते हुए कहा... "हाँ, लेकिन आपको कैसे पता?" वल्लाह किस कातिलाना अदा से उसने हमें छलनी किया कि छेदों को गिनना मुश्किल ! नजरें तिरछी कर, बड़ी शोखी के साथ बोली.. "पता क्यों नहीं होगा? हम भी तो वहीं पढ़ते हैं!!" फिर थोड़ा-सा रुककर उन्होंने पूछा.. "आप रोज टहलते हैं?" हालाँकि आज हमारा पहला ही दिन था, लेकिन अगर हमारे एक छोटे-से झूठ से उस महजबीं को (और हमको भी) थोड़ी खुशी मिलती है तो इसमें हर्ज ही क्या था.. सो हमने कहा.. "अजी आप रोज कहती हैं? हम तो दिन में कई बार टहलते हैं। आप जब कहें तब टहल पड़ा करें।"

..."आप बड़े वो हैं!" उसने शर्मसार होकर कहा, तो ऐसा लगा कि देवता लोग और जोर-जोर से तुरहियाँ बजाने लगे। दरअसल क्या है कि, इन लड़कियों द्वारा ईजाद 'वो' शब्द का मतलब आज तक जवाँ-से-जवाँ मर्द भी नहीं बता

सका... हरदेव बाहरी जी की तो बिसात ही क्या। जबकि दुनिया में कदरन एक-से-एक साइन्स दाँ... और हर तरह की जबान के हकीकती जानकार पड़े हैं... लेकिन 'वो' पर आकर तकरीबन सबकी बोल जाती है... सो हम भी इसी इन्सानी कमजोरी के कायल हुए।

आखिरकार 'वो' के सम्मोहन से हम जैसे-तैसे फटफटाकर बाहर निकले और उनसे पूछा... "क्या आप भी टहलने निकली हैं?"

..."ओह नहीं!" कहते हुए उन्होंने जिस अन्दाज में गरदन झटकी है साहब.. कि वो झटका सीधे हमारे दिल पर जा लगा। फिर कहने लगीं... "दरअसल आज मैं बाहर जा रही हूँ। यहाँ कोई रिक्शा देख रही थी कि आप दिखायी पड़ गये। थोड़ा-सा सामान है....वैसे मैं तो पैदल भी जा सकती हूँ पर सामान!" कहकर उन्होंने फिर हमारी तरफ देखा। हम तो उनकी सादगी के कायल हो गये...माशा अल्लाह! आजकल की लड़कियाँ तो दो कदम चलने पर मोच की शिकायत कर बैठती हैं, और ये हैं कि पैदल स्टेशन तक जाने को तैयार हैं...बताइये?

आखिर हमारी मर्दानगी (जो सुबह छह बजे हमारे साथ नहीं जाग पायी थी) जाग उठी। हमने कहा... "अरे, इसमें क्या खास है। सामान कहाँ है, लाइये मैं पहुँचा देता हूँ!"

"रहने दीजिये, आप क्यों परेशान होते हैं!" उन्होंने बड़ा महीन-सा एतराज किया।

...हमने कहा "परेशानी कैसी? दरअसल हम स्टेशन की तरफ ही जा रहे थे। इरादा था कि कुछ मैगजीन वगैरा देखेंगे। और अब तो आपका साथ भी हो जायेगा!"

..."आप जिद करते हैं तो आइये!" कहते हुए वह मुझे पास ही अपने घर ले गयीं। मैंने उस छोटे-से घर को हसरतन देखा, कि अब तो अक्सर यहाँ आना-जाना हुआ करेगा। तभी घर के दरवाजे से एक बुजुर्ग और अति सामान्य-सी लगनेवाली महिला निकली। हमने सोचा कि बेटा लपक लो... यही मौका है इम्प्रेशन जमाने का। हमने दौड़कर माँ जी के पाँव छू लिये, और विजय भाव से नाजनीन की ओर देखा जो दुपट्टे को लगभग मुँह में ठूँसे हँसी रोकने का प्रयास

कर रही थी। उक्त कोशिश में कामयाब हो जाने के बाद उन्होंने हमें बताया कि, ये घर में काम करनेवाली महरी है। हमने सँभलते हुए वाक्पटुता का सहारा लिया और बोले... "तो क्या हुआ? बुजुर्ग तो हमेशा आदरणीय होते हैं!"

तो वह आदरणीया, जिनकी हमने अभी-अभी चरण रज ली थी.. जो सामान अन्दर से उठाकर लायीं, मानसिक तौर पर उसे ऐडजेस्ट करने में हमें थोड़ा समय लगा। बहरहाल सामान उठाया और चल पड़े। आलम यह था कि सिर पर रखी एक बड़ी अटैची, जिसे हम अपने दाहिने हाथ से पकड़े थे... उसके ऊपर एक और भी बड़ा अटैचा था जो पकड़ में ही नहीं आ रहा था। दाहिने हाथ के ऊपर कन्धे पर एक भारी-सा एयरबैग था जिसका एक हत्था उखड़ा हुआ था इसलिए वह बार-बार सड़क छूने के प्रयास में था। बायें कन्धे पर एक छोटा एयरबैग और हाथ में एक मँझोली अटैची थी जो शायद किताबों से भरी थी। एक एयरबैगें पीठ पर था जो बार-बार हमें कर्त्तव्य पथ से ऐसे पीछे खींच रहा था जैसे ताँगे के पिछले हिस्से में ओवरलोड हो जाने से घोड़ा पीछे खिंचता है। दाहिने हाथ में, जिससे हम सिर पर रखी दोनों अटैचियाँ सँभाले रहने के प्रयास में लगभग भरतनाट्यम् और कुचीपुडी के बीच की किसी मुद्रा में थे... उसी में एक बोतल पानी की भी थी, जो लग रहा था कि अब फिसली कि तब। नाजनीन हमसे करीब बीस कदम के फासले पर आगे चल रही थी। अचानक वह पीछे मुड़ी और हमारे पास आकर, हमारे हाथ से बोतल अपने हाथ में ले ली।

हम उनके इस केयरफुल आचरण से प्रभावित हुआ ही चाहते थे कि, उन्होंने दो घूँट पीकर बोतल वापस हमारी उँगली में फँसा दी, और फिर बीस कदम आगे...।

खुदा-खुदा करते किसी तरह स्टेशन आ पहुँचा। गाड़ी प्लेटफार्म नं. 2 पर आनेवाली थी। सिविल लाइन की तरफ से प्लेटफार्म नं. 2 तक हम किस तरह पहुँचे, इस पर एक साहसिक यात्रा या फिर पर्वतारोहण वृत्तान्त हम बाद में अलग से लिखेंगे। बहरहाल... प्लेटफार्म नं. 2 पर पहुँचकर पता चला कि गाड़ी लगभग एक घण्टे लेट है। नाजनीन अपने दुपट्टे से (अपना) पसीना पोंछते हुए हमारी ओर मुखातिब हुईं..."ओह, आपका चेहरा तो लाल हो गया है... काफी दिक्कत हुई आपको!"

अब जनाब, सच तो यह है कि, हुई थी और जम के हुई थी... लेकिन शहद घुले इन अल्फाजों से सारी दिक्कत काफूर हो गयी। तिस पर यह भी कि गाड़ी एक घण्टा लेट थी.. सोचा कि चलो जब तक गाड़ी नहीं आती, दिली गुफ्तगू ही होगी। सो हमने सामान को करीने से लगाकर रखा, और पसीना पोंछकर उखड़ी साँसों पर काबू पाते हुए कहा... "लाहौल...! क्या बात करती हैं आप! ये भी कोई दिक्कत है!.. आप भी!!" कहकर हमने हँसने की कोशिश की, तो हाँफने और हँसने के बीच में कोई आवाज निकली। आवाज में एक खास तरह की मार्मिकता, विचित्रता और वायु प्रवाह का ऐसा विशिष्ट समन्वय था कि पल भर के लिए हमें खुद विश्वास नहीं हुआ कि उपर्युक्त आवाज हमारी ही है...और हम चौंककर दूसरी ओर देखने लगे। उसी अनुक्रम में आसपास के लोग हमें ऐसे घूरने लगे जैसे हम किसी अजायबघर से आये हों।

तभी दूर पर तीन चार खुशमिजाज हसीनाएँ चहकते हुए दिखायी पड़ीं। नाजनीन ने झिझकते हुए हमसे कहा कि, ..."आप थोड़ी देर के लिए हमसे दूर हो जाइये...क्योंकि ये लोग हमारी दोस्त हैं और आपको.. हमको एक साथ देखकर दुनिया जहान की बातें बनायेंगी। प्लीज बुरा मत मानियेगा...गाड़ी आ जाये तो ये सामान चढ़ाकर ही जाइयेगा।"

अब साहिबान! आप ही बताइये...कोई सच्चा आशिक, खास तौर से जबकि वह अभी-अभी ही आशिक बना हो... क्या यह चाहेगा कि, उसकी पाक मुहब्बत का अफसाना बने और गली कूचों में टुच्चे लोग उसकी चर्चा करें? सो हमने आँखों-ही-आँखों में उन्हें तसल्ली दी, और आँखों-ही-आँखों में यह भी कह दिया कि दीवाना जो है, वह अपनी गरदन कटा देगा लेकिन आपकी रुसवाई नहीं होने देगा। यह आख़िरी अल्फाज हमारी एक आँख ने कहा और दूसरी आँख ने सुना... क्योंकि तब तक वह अपनी सहेलियों के पास जा चुकी थीं।

बहरहाल! हम थोड़ी दूर पर जाकर, किताबों की एक दुकान पर जाकर खड़े हो गये। वहीं से थोड़ी-थोड़ी देर में हम कनखियों से उनके शिकंजी गालों पर नजर भी मार ले रहे थे। थोड़ी देर में गाड़ी आ गयी। हम दौड़कर सामान के पास पहुँचे, तो एकबारगी हमें सारी लड़कियाँ उदबिलाव की तरह घूरने लगीं। हमने किसी की परवाह न करते हुए, सामान उठाया और गाड़ी में रखने लगे। अचानक पीछे से

एक आवाज आयी... "अरे वाह शन्नो! आजकल तो कुली भी काफी स्मार्ट होने लगे हैं... कहाँ से पकड़ लायी?"

यानी हमारी उनका नाम शन्नो था। यह जानकारी हमारे लिए परमाणु बम का फार्मूला खोज लेने से कम नहीं थी।... लेकिन यह क्या? अभी-अभी हमने फार्मूला खोजा ही था कि खुद परमाणु बम ही फट पड़ा...। शन्नो अपनी सहेलियों को बता रहीं थीं... "अरे ऐसे चुगद तो सुबह-सुबह सड़क पर ही मिल जाते हैं। तू तो जानती है.. मेरे घर के पास साला रिक्शा तो मिलता नहीं। और जरूरत भी क्या है? सुबह की मार्निंग वाक भी हो गयी और पैसा बचा सो अलग!"

और फिर नश्तर-सी चुभती उनकी सहेलियों की हँसी के बीच, हम चुपचाप पसीना पोंछते हुए वापस लौट पड़े। अब आप ही बतायें, दिल के इस मामले में दिमाग न होने की बात कहाँ से आ गयी??

●

परमाणु बम : एक पौराणिक आख्यान

...परमाणु बम? काये भइया कौनो हलवा पूरी है का...? जो जब चाहो सों बना लाओ। मैं अचानक चौका... पता नहीं क्यों जब भी मैं चौकता हूँ, अचानक ही चौंकता हूँ। तो चौंकने की वजह यह थी कि, मेरी सामनेवाली सीट पर एक अन्तर्राष्ट्रीय स्तर की चर्चा शुरू थी जो परमाणु बम को लेकर थी... और यह उन दिनों की बात है जब परमाणु बम का इतना चलन नहीं था।

दरअसल यह एक पैसेंजर गाड़ी थी, जिसका नाम तूफान एक्सप्रेस था। मैं शाम को 5 बजे इस पर झाँसी से बैठा था और उम्मीद करता था कि सुबह तक बाँदा उतर जाऊँगा... इस वक्त रात के तकरीबन 11 बजे थे और उम्मीद अभी टूटी नहीं थी बावजूद इसके कि तूफान एक्सप्रेस मऊरानीपुर में खड़ी थी और गाड़ी का ड्राइवर अपना चश्मा बनवाने बाजार गया हुआ था। यह इतनी गम्भीर जरूरत थी कि किसी यात्री को इस पर एतराज नहीं था। यह दीगर बात है कि ड्राइवर किसी यात्री से पूछकर नहीं गया था। इस छोटे-से ठहराव के वक्त मैं खिड़की से बाहर झाँकते हुए अपने प्रिय बुन्देलखण्ड का पर्यावरण सूँघने का प्रयत्न कर रहा था कि अचानक मऊरानीपुर से बैठे एक सज्जन ने उपर्युक्त प्रारम्भिक प्रश्न उछाला था जिसने मुझे चौंका दिया था...।

बड़ी साईं...पड़माणु बम तो बहुत बड़ा होता होग़ा नी? एक सिन्धी जिज्ञासु ने प्रश्न किया जिस पर एक खद्दरधारी ने बताया कि नहीं-बहुत बड़ा तो नहीं-पर हाँ.. बहुत छोटा भी नहीं... उत्तर इतना अनुभवपूर्ण लगता था कि अगर आसपास कोई पुलिस का सिपाही होता तो तुरन्त समझ जाता कि खद्दरधारी सज्जन के घर में परमाणु बम बनाने का पुश्तैनी काम होता है और इस बिना पर (अगर आपस में कोई समझौता नहीं हो पाता तो) दफा पचीस का केस भी बन सकता था।

....“अगर ...” एक बुद्धिजीवी से लगनेवाले सज्जन बर्थ पर लेटे-लेटे ही अपने से ऊपरवाली बर्थ के निचले हिस्से से बोले.. “अब भारत का अमेरिका से युद्ध होगा तो समझ लीजिये कि भारत का तीया पाँचा!...

"क्यों भला? क्या अमेरिका सेना में सुर्खाब के पर लगे हैं? मैंने आधी बाजू की अपनी शर्ट की आस्तीनें चढ़ायीं...हालाँकि बुद्धिजीवा-से लगनेवाले सज्जन मेरे इस सवाल पर उठ बैठे तो मैंने पाया कि वे सिर्फ लगने में ही बुद्धिजीवी थे... उनकी कद-काठी पहलवानों-जैसी थी। गुरु गम्भीर आवाज में उन्होंने बताया... "भाई साहब आप-जैसे (मरियल) आदमी को गुस्सा शोभा नहीं देता। मैं तो इसलिए कह रहा था कि अमेरिका के पास परमाणु बम है।" सुनकर मेरे-जैसे (मरियल) आदमी के सामने निरुत्तर होने के अलावा कोई चारा नहीं था।

तभी मेरे बगल से एक अत्यन्त भीमकाय सज्जन उठे...मुझे सीट से नीचे धकेलकर, सामनेवाले सज्जन के लगभग मुँह में घुसकर बोले... "तो क्या भारत को तैने टुटपुँजिया ही समझ रखा है क्या? ...भारत ने तो सन् '47 में ही परमाणु बम बना लिया था।"

....सन् 47 क्या??? कहीं से एक चीत्कार-सी सुनायी दी, जैसे किसी बकरे को जिबह किया जा रहा हो... तदुपरान्त आवाज उठकर सामने आ गयी। यह एक लम्बा-सा मुँह था जिसमें प्रकाण्ड पाण्डित्य का ओज फटफटा रहा था। सुनिये.... उसने बिना किसी भूमिका के शुरू किया... महाभारत में एक कथा आती है ...जब युद्ध प्रारम्भ होनेवाला था तो दूर से एक पहाड़ी पर चढ़कर अर्जुन व कृष्ण ने सभी पाण्डवों सहित कौरव सेना का संख्या बल आँका। दूर-दूर तक विशाल कौरव सेना और दिग्गज महारथियों को देखकर अर्जुन की फूँक सरक गयी (पता नहीं अर्जुन अपनी फूँक को इतना हलके से क्यों रखता था कि वह जब-तब सरक जाती थी और बिना गीता टाइप का कोई उपदेश सुने वापस नहीं आती थी।)

तभी वहाँ भीम का पोता बर्बरीक आ पहुँचा। उसने भी कौरव सेना को देखा फिर अपनी फूँक दबाकर धर्मराज युधिष्ठिर से बोला कि भगवन अगर आप लोग कहें तो आप सब एक मिनट के लिए किनारे खड़े हो जाइये... मैं अभी पूरी कौरव सेना को निपटाये देता हूँ।

...मगर कैसे पुत्र (अर्थात् पोते)? धर्मराज ने शंकित स्वर में पूछा।

...आप इस झंझट में मत पड़िये... आप केवल आम खाइये पेड़ क्यों गिनते हैं?

खाने की चर्चा पर भीम उस ओर मुखातिब हुए...बोले कि तू ऐसा करेगा क्या, कि बिना युद्ध किये ही सारे कौरव समाप्त हो जायेंगे?

बर्बरीक बोला कि सो मैं करके ही दिखा देता हूँ। और कुछ करने के लिए आगे बढ़ा ही था कि अचानक किसी ओर से सुदर्शन चक्र तीव्र गति से आया और पलक झपकते ही बर्बरीक का सिर, धड़ से अलग होकर जा गिरा। सबने चौंककर पीछे देखा तो पाया कि भगवान् कृष्ण त्रिभंगी मुद्रा में खड़े मुस्करा रहे हैं।...आपको पता है कि भगवान् ने ऐसा क्यों किया?

प्रश्न हवा में छोड़कर, प्रकाण्ड पाण्डित्यवाले उस चेहरे ने जेब से तमाखू निकाली और दत्तचित्त होकर इस अन्दाज में अपनी हथेली में रगड़ने में मशगूल हो गया कि बेटा सोच लो... जब न आये तो बताना। सहयात्रीगण उनके इस अथवा ज्ञान-भण्डार से हतप्रभ थे।

जब उपर्युक्त सज्जन तमाखू खा चुके, तो जैसे उन्होंने पूरे डिब्बे के यात्रियों पर एक साथ कृपापात किया... "मैं बताता हूँ! दरअसल बर्बरीक के पास परमाणु बम था। लेकिन महाभारत एक धर्मयुद्ध था, अतः भगवान् नहीं चाहते थे कि परमाणु बम के प्रयोग से अन्तरराष्ट्रीय शान्ति और सद्भावना को कोई खतरा पहुँचे। इसलिए उन्होंने बर्बरीक को समाप्त कर दिया कि न रहेगा बर्बरीक और न फटेगा परमाणु बम!"

और हम सब अपनी पुरा संस्कृति पर गौरवान्वित हो उठे। सचमुच हमारा देश महान् था?

●

युवावस्था बनाम युवा पत्रलेखन की परम्परा

कहा गया है कि, युवा पीढ़ी देश का भविष्य है। मैं तो कहता हूँ कि भविष्य ही क्यों, भूत और वर्तमान भी है। जो भूतकाल में युवा थे, वही आज वर्तमान में सरकारें चला-गिरा रहे हैं। जो आज युवा हैं वे, भगवान् चाहेगा तो कल यही काम करेंगे। सामान्यतः मेडिकल साइन्स 13 से 19 साल तक की आयु धारण करनेवाले प्राणियों को युवा मानती है। अंग्रेजी में इसे टीन एज कहा गया है। किन्तु राजनीति में इस काल खण्ड को एक्सटेन्शन दिया गया है, फलतः 40 वर्ष के राजीव गाँधी, युवा प्रधानमन्त्री कहलाते हैं।

कहा तो यह भी गया है कि, युवा काल जीवन का स्वर्ण काल है। हालाँकि हम लोगों ने अपने युवा काल का अधिकांश भाग इलाहाबाद की पावन धरती पर काटा, जहाँ न तो स्वर्ण था और न ही कोई काल, बस एक खाल थी जो धीरे-धीरे खिंचते हुए झुर्रियों में बदल जाने को व्याकुल थी, कुछ बाल थे जो धूप में न रहने के बावजूद तू ज्यादा सफेद कि मैं, वाली मुद्रा में हमेशा युद्ध को तत्पर रहते थे और इस युद्ध के फलस्वरूप रोज कुछ-न-कुछ संख्या में खेत रहते थे, और हम थे कि सारा दोष इलाहाबाद के पानी पर उँड़ेल देते थे।

बहरहाल, युवा होने की घटना का प्रारम्भ तब से शुरू होता है, जबकि आपको सबसे पहले अपने माँ, बाप, भाई, बहन, मुहल्ला, पड़ोस, यहाँ तक कि अपने नाम व कद-काठी से भी चिढ़ होने लगती है। आपको अपने कपड़े सस्ते और भद्दे लगने लगते हैं, घर छोटा लगने लगता है और खुद के लिए एक अलग कमरे की जरूरत महसूस होने लगती है, भाई-बहन अचानक गँवार लगने लगते हैं और आप खुद को दूसरे युवाओं की तुलना में गरीब लगने लगते हैं। युवा होने का एक विशिष्ट लक्षण यह भी है कि, अचानक ही आपमें एक शहीदाना प्रवृत्ति जागने लगती है, आप क्रान्तिकारी हो उठते हैं और आपके अन्दर अपने आस-पास के वातावरण के प्रति अत्यन्त प्रतिरोधी भाव जाग उठते हैं। आप जिस

शैली में बाल काढ़ना चाहते हैं, उसे छोड़कर वे हर शैली में खड़े हो जाने को तत्पर हो जाते हैं। आप अपना चेहरा जितना बेदाग और चमकता हुआ देखना चाहते हैं उसमें प्रतिदिन दो-चार के अनुपात में मुँहासे निकलने शुरू हो जाते हैं, लिहाजा आपको अपने बालों, और चेहरे से एक गम्भीर किस्म की चिढ़ हो जाती है। अस्तित्ववादी दार्शनिकों ने इस अवस्था को थ्रोन, कहा है। किर्कगार्द कहता है कि, होश में आने पर (अर्थात् युवा हो जाने पर) ये प्रश्न हमारे सामने बार-बार कौंधते हैं कि, मैं कौन हूँ? क्यों हूँ? कहाँ से आया हूँ? मुझे किसने यहाँ फेंक दिया है? आदि आदि।

पर युवा होने का एक धनात्मक लक्षण भी है। आपको मुहल्ले की हर लड़की, चाहे वह खूबसूरत हो या न हो, भली लगने लगती है। उसके माँ-बाप दुश्मन लगने लगते हैं, जिन्होंने एक निर्दोष मासूम लड़की को घर में कैद करके रखा हुआ है। ऐसी हर लड़की को उसके कैदखाने से मुक्त कराने की प्रबल आकांक्षा के साथ आपके अन्दर की क्रान्तिकारिता मुखरित होती चलती है। और फिर जैसा कि हर क्रान्तिकारी करता है, उसे भी फूलों, कविताओं और शेरो-शायरी से दिलचस्पी हो उठती है। पाठकगण और गहराई से जानना चाहें तो मेरे एक अभिन्न कवि मित्र विवेक निराला की कविता 'रजाई में क्रान्ति' अवश्य पढ़ें। यह वाकई एक अद्भुत क्रान्तिकारी कविता है जिसमें अत्यन्त सहजता से मात्र एक अदद रजाई के सहारे क्रान्ति करने की विधि बतायी गयी है।

सामान्यतः सभी प्रकार के छोटे, बड़े, मँझोले युवक, युवा होने की प्रारम्भिक अवस्था से ही गणित, विज्ञान या दर्शन में पर्याप्त अरुचि लेने लगते हैं। वे इस अवस्था में, साहित्य की केवल एक विधा में ध्यान केन्द्रित करते हैं और वह है पत्रलेखन। यह उस प्रकार का पत्रलेखन नहीं है कि जिसमें कहा जाय कि अवकाश के लिए अपने प्रधानाचार्य को एक पत्र लिखो। वस्तुतः यह पत्रलेखन का एक अत्यन्त स्वतन्त्र, क्रान्तिकारी और मौलिक प्रयोग है, जैसा कि अभी आप देखेंगे। अनेकानेक भाषा और शैलियों में हृदय के उद्‌गारों को व्यक्त करने के लिए, पत्रलेखन की विधा पर, युवाओं द्वारा असीमित अनुप्रयोग किये गये हैं, जिस पर बाकायदा शोध हो सकता है। इस प्रकार के पत्रलेखन की कला के लिए, कम-से-कम दो पक्षों का होना आवश्यक है, एक वह जो पत्र लिखे, तथा दूसरा वह

जिसे पत्र लिखा जाय। पिच्चानबे प्रतिशत मामलों में पत्रवाहक नाम का तीसरा पक्ष भी उपस्थित रहता है, शेष पाँच प्रतिशत मामलों में लेखक ही पत्रवाहक की भूमिका निभा लेते हैं। लगभग पिच्चानबे प्रतिशत मामलों में ही एक पक्ष युवा होता है दूसरा पक्ष युवती। पत्रवाहक इन दोनों में से कोई भी हो सकता है, और दोनों भी हो सकता है, कोई मनाही नहीं है। भूतकाल में तो मनुष्यों के अतिरिक्त तोते, कबूतर और बादलों से भी यह कार्य सम्पन्न कराया गया है (देखें मेघदूतम् -कालिदास)। युवा पत्रलेखन की विधिा में सामान्यतः सबसे पहले पत्र लिखने के संसाधनों की गुणवत्ता स्पष्ट किये जाने की परम्परा है। उदाहरण के लिए—

लिखता हूँ खत खून से, स्याही न समझना!

इस पंक्ति से स्पष्ट है कि युवावस्था प्रत्येक चीज को सुव्यवस्थित ढ़ंग से प्रस्तुत करना चाहती है, अतः किसी संशय की गुंजाइश न रहे इसके लिए नायक द्वारा पहले ही क्लियर कर दिया गया है कि, यह खत जो है वह लाल रंग की स्याही से नहीं बल्कि खून से लिखा गया है। यहाँ 'खून से' शब्द का प्रयोग विशेष रूप से अवलोकनीय है क्योंकि वह 'अपने खून से' नहीं है केवल 'खून से' है। पाठक-गण छोटी-छोटी बातों पर खुद ध्यान दें क्यों कि हम भी नहीं चाहते कि कोई भ्रम में रहे। यह तो रही स्याही की गुणवत्ता की बात, अब जरा कागज की गुणवत्ता को भी देखें—

चूमकर मदभरी आँखों से गुलाबी कागज, उसने भेजा है मेरे नाम शराबी कागज।

इस पंक्ति में नायिका द्वारा पत्रलेखन हेतु प्रयुक्त कागज पर कुछ व्यक्तिगत अनुप्रयोग कर शोधित किया गया है। यहाँ नायिका की मदभरी आँखों का एक पैग कागज पर छिड़ककर उसे शराबी बनाने के पश्चात् प्रेषित किया गया है, यह अपने-आपमें एक विशिष्ट प्रयोग है। युवावस्था में पत्र लेखन जल्दबाजी का काम नहीं है, बल्कि पर्याप्त टाइम टेकिंग है। जिनके पास समय का अभाव है वे इसमें हाथ न ही डालें तो बेहतर है। खास तौर से पहले खत के बारे में शायर कहता है—

प्यार का पहला खत लिखने में वक्त तो लगता है।
नये परिन्दों को उड़ने में वक्त तो लगता है।

और इन पत्रों की सीरत के बारे में तो कहना ही क्या। एक तो इश्क ही था जो बकौल गालिब आग का दरिया था, तिस पर ये खत भी खुद में एक आग ही समेटे होते हैं। गलती से एक नायक ने नायिका के खतों को गंगा में बहा दिया तो देखिये क्या हुआ—

तेरे खत आज मैं गंगा में बहा आया हूँ,
आग जलते हुए पानी में लगा आया हूँ।

लेकिन इधर वक्त जरा बदल गया है। भागमभाग की इस दुनिया में पत्र लेखन समाप्तप्राय है। ज्यादातर बातें अब मोबाइल पर होती हैं और आदमी खुद एक मोबाइल नम्बर होता जा रहा है। यदि आप का एक नम्बर किसी के मोबाइल में आपके नाम से फीड हो और कभी उसी को आप किसी दूसरे नम्बर से फोन कर दे तों वह आपको पहचानने से इन्कार कर देगा। आप शिकायत भी करें तो जवाब मिलेगा कि यह तो आपका नम्बर नहीं था। अब उसे यह कौन समझाये कि हुजूर मुँह तो मेरा था, आवाज मेरी थी, लहजा मेरा था इसमें नम्बर का क्या काम? तो साहिबान अब पत्रलेखन की यह रोचक विधा संग्रहालय की चीज होगी। अभी भी जिन युवाओं को मोबाइल पर नायिका से बात करने के अलावा थोड़ा लिखने-विखने का शौक है उसकी भी जगह अब एस.एम.एस. ने ले ली है। लेकिन एक बात की ताकीद कर दूँ कि, इस लेखन में न तो वह बात है जो गंगा में आग लगा दे और न ही वह नशा है जो कागज को भी शराबी कर दे। दो दिलों की जो बात पत्रों में हो जाती थी, वह अब जबान से भी हो जानी मुश्किल है। गालिब कहकर गये हैं—

दे के खत मुँह देखता है नामावर,
कुछ तो पैगामे जबानी और है।

•

चिन्ताएँ : छोटी-छोटी

मेरे एक जघन्य वरिष्ठ मित्र हैं... अजय तिवारी। वे मूलतः चिन्तक हैं, और साइड जॉब के लिए एक स्कूल में प्रवक्ता होकर बच्चों को पढ़ा लेते हैं। कबीर भी मूलतः चिन्तक ही थे और जीवनयापन के लिए जुलाहे का काम करते थे। तिवारी जी का मानना है कि वे जो कर रहे हैं वह कबीरदास जी से थोड़ा कम निकृष्ट है। तिवारी जी की याद... खास तौर से आज उनकी याद सुबह का अखबार पढ़ने से आयी। मालूम हुआ कि आज विश्व गौरैया-दिवस है, तो मुझे अचानक आज से 15 साल पहले तिवारी जी द्वारा व्यक्त की गयी वह चिन्ता याद आयी, जब बड़े गम्भीर स्वर में उन्होंने मुझसे पूछा था... क्या तुमने महसूस किया है कि बचपन में एक छोटी-सी कत्थई रंग के पंखोंवाली एक चिड़िया आँगन में दिखायी देती थी, अब वह नहीं दिखायी देती? उस समय उनकी बात सौ फीसदी न सही पर पिच्चानबे फीसदी तो सही ही थी। गौरैया वाकई गायब हो गयी थी।

अपने निजी बचपन में, मुझे याद है कि, हम लोग गौरैया को पकड़ने के लिए आँगन में एक बड़ी-सी डलिया एक लम्बी लकड़ी के सहारे खड़ी कर देते थे। लकड़ी के निचले सिरे पर एक पतली-सी रस्सी बाँधी जाती थी जिसके बारे में हमारा विश्वास था कि वह रस्सी केवल हमें दिखती है, गौरैया को नहीं। उस रस्सी का एक सिरा आँगन से होते हुए कोने में एक कमरे तक जाता था। डलिया के नीचे गेहूँ के दाने बिखेरकर, हम लोग कमरे में दरवाजे की आड़ में घण्टों धैर्यपूर्वक प्रतीक्षा करते थे। जैसे ही गौरैया का झुण्ड दाना चुगने के लिए डलिया के नीचे आता, हम झटका देकर रस्सी को खींच लेते और डलिया औंधे मुँह गिरकर दानों को ढक लेती थी। हालाँकि इस प्रक्रिया में एकाध गौरैया को डलिया के अन्दर बन्द हो जाना चाहिए था.. पर ऐसा कभी होता नहीं था। शायद गौरैया हमसे कहीं ज्यादा सतर्क रहती थी। आज इस खेल से जो कुछ हाथ लगा वह यही कि हम धैर्यवान् होते गये... और गौरैया गायब होते-होते सिखा गयी कि बेटा...

दाना चुगो, पर फँसो मत! एक और भी ध्यान देने योग्य बात थी कि, गौरैया हमेशा डलिया के बाहरी किनारों के नीचे पड़े दानों को ही चुगती थी, जिसके कारण डलिया के गिरते-गिरते, वह बाहर की ओर फुर्र हो जाती थी। यह बात हम और हमारे-जैसे अनेक मित्रों के, जो आज सरकारी नौकरी में हैं... बड़े काम आयी कि दाने की चाह में कभी डलिया के बहुत अन्दर मत घुसो, क्योंकि रस्सी कभी भी खींची जा सकती है।

बहरहाल! गौरैया गायब हो गयी। और गौरैया ही क्यों, शेर, रीछ, तेंदुआ, बन्दर, कुत्ते सब गायब हो रहे हैं। लेकिन आज मेरी चिन्ता का विषय गौरैया ही रहेगा....क्योंकि आज गौरैया-दिवस जो है, जैसे हिन्दी-दिवस में हम सारा कामकाज हिन्दी में करते हैं, मदर्स डे में माँ को और फादर्स डे में पिता को याद करते हैं, वैलेण्टाइन दिवस में एक अदद प्रेमिका तलाशते हैं और एक महीने चौदह दिन बाद 1 अप्रैल को मूर्ख-दिवस में उसे बता देते हैं कि.... अप्रैल फूल! मेरी तो शादी हो चुकी है।

लेकिन मैं थोड़ा असमंजस में हूँ। पता नहीं क्यों आज जबकि मुझे केवल गौरैया की ही चिन्ता होनी चाहिए... उससे कहीं ज्यादा तिवारी जी की भी चिन्ता समानान्तर हो रही है। जैसा कि मैं पूर्व में ही आपको बता चुका हूँ कि तिवारी जी चिन्तक हैं, तो मुझे चिन्ता, इस चिन्ता करनेवाली नस्ल की भी है। बताता चलूँ कि कभी छह-आठ महीने के वक्फे में मैं और तिवारी जी एक जंगल प्रवास पर रहे थे। जीवन के न्यूनतम साधनों में भी ऐश (तात्पर्य ऐश्वर्या से नहीं है) के साथ जीना और प्रकृति के साथ प्रेम करना मैंने इसी वक्फे में सीखा। आज भी जब किसी फाइव स्टार होटल में डिनर के समय मेरी पहली पसन्द बैंगन का भरता होती है तो पहले वेटर, फिर मेरी पत्नी घूरकर मुझे देखती है... और दोनों एक स्वर में घोषित करते हैं...यहाँ नहीं मिलता!

जंगल में रहने के दौरान (आपको जिज्ञासा हो रही होगी कि हम जंगल में थे क्यों, तो यह बहुत अच्छी बात है... पाठकों की ऐसी जिज्ञासाएँ लेखक को महान् बनाती हैं, सो इस पर मैं एक वृत्तान्त अलग से लिखूँगा... खुश?) तिवारी जी खूब प्रसन्न रहते थे, दिखावा पसन्द और चूतियाटिक टाइप के लोगों को मुँह भर गरियाते थे और फिर एक बड़े स्टील के गिलास भर चाय पीते थे, जो हम लोग इकट्ठी की गयी छोटी-छोटी लकड़ियों के सहारे एक सिगड़ीनुमा चूल्हे में तैयार करते थे। पर इन सारी दैनिक क्रियाओं के बीच उनकी चिन्ताएँ बाकायदा बरकरार रहती थीं।

उस समय उनके द्वारा व्यक्त की गयी छोटी-छोटी चिन्ताएँ मुझे वाकई बहुत छोटी लगती थीं, पर तब भी मैं उन्हें पर्याप्त ध्यान से सुनता था और चिन्तित होने में उनका साथ देता था। अगर मैं ऐसा न करता तो शायद उनके चिन्ता सान्निध्य से वंचित रह जाता। लेकिन आज जब मैं उनकी छोटी-छोटी चिन्ताओं का विकराल रूप, बड़ी-बड़ी गम्भीर समस्याओं में बदलते देख रहा हूँ, तो उनकी याद बड़ी शिद्दत से आती है। मजे की बात तो यह थी कि वे अपने बारे में कभी कोई चिन्ता नहीं करते थे, उनकी चिन्ताएँ अधिकतर नस्लों के बिगड़ने, बिखरने या गायब होते जाने को लेकर थीं। आज जब मम्फोर्डगंज में बनारसी चायवाले की दुकान पर पुराने भाई साहब टाइप के कम्पटीटर नहीं दिखते तो तिवारी जी की 'नस्लों के गायब होते जाने' की चिन्ता कहीं-न-कहीं मेरे मन में भी उतनी ही प्रगाढ़ हो उठती है।

तिवारी जी की तमाम चिन्ताएँ तो मुझे आज भी बखूबी याद हैं, जो आज शायद राष्ट्रीय-अन्तरराष्ट्रीय चिन्ताएँ बन चुकी हैं। कभी-कभी वे रात के दो बजे चिन्तित होते... "यार पानी खतम हो रहा है!" और मैं दौड़कर ट्यूबवेल चलाकर देखता कि कहीं सचमुच ही तो नहीं खतम हो गया? इस पर वे दहाड़ते...अबे जमीन के अन्दर पानी खतम हो रहा है, बर्फ पिघल रही है, नदियाँ सूख रही है..ओजोन पर्त फट रही है... और मेरे चौंकने पर पुचकारते...अबे तुम्हारी क्यों फट रही है, भोगेगी तो सारी दुनिया...तब नंगा नहायेगा क्या और निचोड़ेगा क्या? इसी तरह जब नवरात्रि शुरू होती और उन नौ दिनों तक मुहल्ले के सारे छिछोरे माथे पर केसरिया चुनरी बाँधकर किसी को गरियाकर किसी को धकियाकर चन्दा वसूलते, और फिर हजार-हजार वाट के बड़े-बड़े स्पीकर लगाकर पूरे मुहल्ले की नींद हराम करते तो तिवारी जी की चिन्ता होती... ये साले (तब शायद उनकी शादी नहीं हुई थी) क्या करेंगे.... कहाँ जायेंगे....ये पीढ़ी कहाँ जायेगी...ये देश कहाँ जायेगा? फिर खुद ही बुदबुदाते थे...देश को कहाँ जाना है, यही जायेंगे साले जहन्नुम में!

कभी-कभी उनकी चिन्ताएँ उलटवाँसी का रूप ले लेतीं, जो खुद मेरी भी समझ में नहीं आती। वे चिन्ता करते कि जमुनाप्रसाद-जैसे नेता किराये के मकान में क्यों रहते हैं, वे यह भी चिन्ता करते हैं कि स्वराज कालोनी के सारे प्लाट जब मकान में तब्दील हो जायेंगे तो बच्चे क्रिकेट कहाँ खेलेंगे... शादियाँ कहाँ होंगी..। गली नं. 2 में घुसते ही बँधी भैंसे कब तक वहाँ बँधी रहेंगी और कब तक लोगों

को उनकी पूँछ की फटकार से बचते हुए गोबर के ऊपर पैर रखकर निकलना होगा... उनकी चिन्ता यह भी है कि ब्राह्मणों के दिमाग में सदियों पुराना दलितों के कान में पिघला सीसा डाल देने का आइडिया कहीं फिर से तो नहीं जाग उठेगा? क्योंकि अगर जागा तो इस बार बड़ी दुर्गति होगी... दलितों की नहीं, मनुवादियों की। वे एस.सी.एस.टी. ऐक्ट की भी उतनी ही चिन्ता करते हैं जितनी उसके दुरुपयोग की।

पर तिवारी जी की एक समस्या है। वे नस्लों के गायब होने की सूचना मात्र देकर सन्तुष्ट नहीं हो जाते, बल्कि उस पर चिन्तित होते हैं...लगातार चिन्तित होते हैं....और होते रहते हैं... जिसका कोई निदान नहीं। इसी चिन्ता साधना में वे जितने आज से बीस साल पहले थे, उतने ही आज भी हैं। न चेहरा भरा है, न शरीर.. न ही मन। वे चिर असन्तुष्ट चिन्तक हैं, पर जैसा कि मैंने आपको बताया, मेरा सरोकार जितना उनकी चिन्ताओं से है उससे कहीं ज्यादा सरोकार हमारे बीच ऐसे चिन्तकों की नस्ल के गायब होते जाने से है। आज मेरे आस-पास जो नस्लें दिख रही हैं उन्हें सिर्फ अपनी चिन्ता है। लेकिन उन चिन्ताओं का समाधान भी उनके पास है। चिन्ता अगर छोटी है तो एक कप कड़क चाय, थोड़ी बड़ी है तो एक सिगरेट... और अगर काफी बड़ी है तो एक क्वार्टर ह्विस्की या रम... चिन्ता खल्लास..बोले तो! ये नस्लें कभी नहीं पूछतीं कि हमारी विदेश नीति क्या है। इन्हें यह भी नहीं पता कि हमारी, जनसंख्या कितनी है। ये जानना भी नहीं चाहतीं कि जब इंजीनियर, डॉक्टर या एम.बी.ए. होकर ये दिल्ली, मुम्बई, पूना, नागपुर, हैदराबाद या बैंगलोर की भीड़ में कीड़े-मकोड़ों की तरह रेंगते, दोपहर में एक बर्गर और रात में एक पीजा खाकर सो जायेंगे तो इनके अपने शहर...शहर की सड़कों और गाँव-घर के पिछड़ेपन की चिन्ता कौन कर रहा होगा। क्योंकि अगर गौरैया गायब हो सकती है तो तिवारी जी-जैसी नस्लों में क्या सुर्खाब के पर लगे हैं? आखिर उन्हें भी एक दिन मगहर पहुँचना ही है न ! बदलते दौर में शायर की चिन्ता लाजिमी है—

हालाते जिस्म, सूरते जाँ, और भी खराब
चारों तरफ खराब, यहाँ और भी खराब
नजरों में आ रहे हैं, नजारे बहुत बुरे
होंठों में आ रही है जुबाँ और भी खराब

•

एक राजा की कहानी : कामकाजी की जुबानी...!

सुबह सात बजे उठना, नित्यक्रिया से निवृत्त होकर थोड़ा योगासन, फिर नाश्ता, फिर चार रोटी या पराठे और थोड़ी-सी सूखी सब्जी टिफिन में पैक कर ऑफिस की ओर भागना... दिन भर लोगों की किच-किच और अधिकारियों की फटकार के बीच कभी 2 बजे तो कभी 3 बजे तक टिफिन खोलकर सूखी हो चुकी दो रोटियाँ तोड़कर, फिर वही फाइलें... रजिस्टर। शाम को छह बजते-बजते घर पहुँचना, बच्चों का कोहराम... बीबी की शिकायतें...फरमाइशें... सब्जी लाना...गेहूँ पिसाना और फिर रात दस बजते-बजते एक सब्जी और चार रोटी खाकर एक चम्मच ईसबगोल की भूसी के साथ एक गिलास पानी पीकर सो जाना...अगले दिन फिर सुबह सात बजे उठना...!

ये एक आम सरकारी कामकाजी आदमी की नियमित दिनचर्या है। सप्ताह के छह दिन इस दिनचर्या में कोई फेरबदल नहीं। सण्डे को शायद थोड़ी-बहुत फेर-बदल होती हो। भागमभाग और तनाव के इस दौर में बचपन में सुनी दादी और नानी की कहानियाँ याद आती हैं...कितना सुकून था उन दिनों...उन कहानियों के दिनों में। एक राजा होता था, जिसकी रानी घर के सारे कामकाज, चूल्हा-चौका से लेकर गोबर-पानी तक...सब निपटाती थी। राजा का बस एक ही काम था, जंगल में शिकार खेलने जाना। कहानी की सारी रोचक घटनाएँ इसी शिकार खेलने में घटती थीं। जैसे कल साला बड़ा बाबू फँस गया था... शिकार के ही चक्कर में! सुबह दस से लेकर दोपहर दो बजे तक शिकार को खूब टहलाया...खूब दौड़ाया, शिकार भी शिकार होने के लिए लगभग तैयार ही हो गया था लेकिन तीन बजे ही साहब ने तलब कर लिया। पता चला कि शिकार जो था साहब के साले का दूर का मित्र निकल आया। क्या करते, फाइल आगे बढ़ानी पड़ी...बिना शिकार किये ही।

तो किस्सा कुछ यूँ चलता है कि राजा जो था वह प्रायः शिकार खेलते-खेलते एक हिरन का पीछा करते-करते अपने साथियों से बिछड़ जाता था, यह ठीक भी है क्योंकि शिकार के बाद या दौरान ये साले शर्मा; रिजवी और लखेरा, गुप्ता इधर-उधर हो जायें तभी बीयर बार में बैठने का मजा है। वरना साथ में चिपके रहकर साले सारी मौज खुद लेते हैं और अगले दिन ऑफिस में रात की बातें दोहरा-दोहराकर अलग मजे लेते हैं। तो जैसा कि बताया गया है कि कहानी में राजा साथियों से बिछड़ जाता था। इस पूरी घटना में उस हिरन की भूमिका यहाँ आकर समाप्त हो जाती थी। फिर अचानक राजा को याद आता था (साथियों से बिछड़ जाने के बाद) कि उसे प्यास लगी है। सो पानी की तलाश में वह किसी कुएँ या झरने के पास पहुँचता था जहाँ पहले से ही एक अत्यन्त रूपवती स्त्री, (पहले वह कहानियों में कन्या होती थी लेकिन अब उम्र के लिहाज से सोच भी बदलनी पड़ती है) स्नान कर रही होती थी। प्रायः सभी राजागण इस प्रकार के दृश्य पर खासतौर से रूपवती स्त्री को देखकर सबसे पहले मूर्च्छित हो जाने का काम किया करते थे। हालाँकि कहानी में बहुत शुरुआती दौर में ही बता दिया जाता है कि राजा की रानी जो थी वह भी कुछ कम रूपवती न थी, परन्तु इससे पता चलता है कि हमारे पूर्वजों के समय से ही यह स्थापित तथ्य रहा है कि पत्नी चाहे कितनी भी रूपवती क्यों न हो, इतनी नहीं होती कि उसे देखकर मूर्च्छित होने का शौक पूरा किया जा सके। तो किस्सा आगे बढ़ता है कि राजा के इस प्रकार मूर्च्छित होने का तत्काल लाभ यह होता था कि वह रूपवती स्त्री अपनी अन्य अपेक्षाकृत कम रूपवती सहेलियों के साथ मिलकर राजा को एक सुन्दर उद्यान में ले जाती थीं। फिर गुलाबजल, इत्र और केवड़े की फुहार मुँह पर मारकर अपने दुपट्टों से हवा करती थीं, जिसका निश्चित परिणाम यह होता था कि, राजा होश में आकर उठ बैठता था। अगर नायिका ज्यादा ही रूपवती हुई तो बेचारे राजा को एक बार पुनः मूर्च्छित होना पड़ता था, अन्यथा एक ही बार मूर्च्छित होने से काम चल जाता था। होश में आ जाने के उपरान्त भी राजा एकटक उस रूपवती को देखता और बाबा रामदेव को याद करता हुआ गहरी-गहरी साँसें लेते हुए अनुलोम विलोम करता था (इसके दो मुख्य फायदे बताये गये हैं, एक तो इससे पेट बढ़िया साफ होता है, दूसरे यह बवासीर में बड़ा मुफीद है, बकौल तिवारी जी!) तो राजा के इस प्रकार के व्यवहार

से वह रूपवती जरा भी न तो प्रभावित होती थी और न ही मोहित। फिर वह पूछती थी कि हे आर्य! आप कौन हैं? राजा अगर आर्य न भी हुआ तो वह मान लेता था कि वह आर्य है। फिर आर्य बताता था कि वह फलाने देश का राजा है। ऐसा सुनते ही वह रूपवती, अचानक राजा पर भयंकर मोहित होते हुए मूर्च्छित होकर गिर पड़ती थी और सारी सहेलियाँ उसकी बलैया लेने लगती थीं कि इसका लक देखो कि सालों से झरने में नहा-नहाकर आज उसका फल मिला है। कुछ सहेलियाँ तो राजा को छेड़-छेड़कर पूछने लगतीं कि आपके पास कितने रथ हैं, किस-किस कम्पनी और किस-किस मॉडल के हैं। फिर मजाक करते हुए कहतीं कि हे राजन्! आपने हमारी सखी को मोहित कर लिया है, अब आप ही इस (कुलच्छिनी) को होश में लायें। फिर वे हँसते खिलखिलाते, नायिका को उसी हालत में छोड़कर पलायन कर जाती थीं, और बाहर जाकर पुनः अपने बीच की दूसरी रूपवती स्त्री के साथ दूसरे झरने में जाकर नहाते हुए ढिकाने देश के राजा का इन्तजार करने लगती थीं।

इधर राजा जो था, वह नायिका को उन्हीं प्रयत्नों से होश में लाने के प्रयास करता था, जिनके द्वारा उसे होश में लाया गया था। नायिका को थोड़ा-सा होश आता तो वह बड़ी मुश्किल से बता पाती थी कि ये सारे संसाधन बेकार हैं, अतः हे आर्य, आप मुँह से आक्सीजन देनेवाली विधि क्यों नहीं ट्राई करते, जिसे अनेक चलचित्रों में बखूबी बताया गया है और उस विधि से नायिका हमेशा होश में आयी है। ऐसा कहकर नायिका पुनः मूर्च्छित हो जाती है। उपर्युक्त विधि अपनाते हुए राजा जब रूपवती को होश में लाता है तो तब तक दोनों की तीव्र इच्छा हो उठती थी कि अब जितना शीघ्र हो सके, गन्धर्व विवाह कर लिया जाय। यह एक प्रकार का अस्थायी विवाह था। बाद में कभी यदि हो सका तो स्थायी विवाह के मद्देनजर राजा साइनिंग एमाउण्ट के तौर पर एक अँगूठी नायिका को देता था (देखें— अभिज्ञान शाकुन्तलम् , कालिदास)। इस प्रकार दोनों लोग उसी उद्यान के लता कुंजों में एकाध घण्टे गन्धर्व विवाह सम्पन्न करके अपनी-अपनी राह लेते थे। कामकाजी आदमी की जिज्ञासा है कि ऐसे जंगल और झरने अब कहाँ पाये जाते हैं और अगर पाये भी जाते हैं तो शिकार खेलने के लिए अर्जित अवकाश का प्रावधान नियमावली में है या नहीं?

पर सारी कहानियाँ सुखान्त ही नहीं होतीं। किसी-किसी कहानी में तो राजा के खासे बुरे दिन भी आते हैं। अभी मि. राउत को ही देखिये, आज ये गाड़ी तो

कल बदलकर दूसरी...लकदक कपड़े, टाई सूट और महँगी सिगरेट... फिर एक दिन जाँच हुई तो सस्पेण्ड! कहानी में राजा जो था एक दिन सस्पेण्ड हो गया और रानी सहित भूखे मरने की नौबत आयी। रानी ने एक दिन कहा कि हे हरामी... नासपीटे आर्य! यहाँ रहकर भूखे मरने की नौबत है क्योंकि सब जानते हैं कि तू सस्पेण्ड है और तेरी जाँच चल रही है, ऐसे में तू कभी भी जेल जा सकता है, अतः तेरी इस ख्याति के कारण कोई उधार भी नहीं देता, इसलिए किसी बड़े शहर में परदेश कमाने चल, जहाँ पीजा और बर्गर-जैसा कुछ रूखा-सूखा खाकर गुजारा कर लेंगे। दोनों के बीच इस प्रकार तू-तड़ाक करते-करते सहमति बनी और दोनों परदेश कमाने चल पड़े। परदेश जाकर रानी जो थी वह एक पाखण्डी योगी जो कि खद्दर के कपड़े पहनता था, और स्वयं को इच्छाधारी बताता था क्योंकि शहर के हाकिम हुक्काम उसकी इच्छा पर चलते थे, उसके घर में काम करने लगती थी क्योंकि राजा को भी उसी इच्छाधारी ने अपने घर में झाड़ू-पोंछा का काम दिया था। धीरे-धीरे, जैसा कि इस नश्वर संसार का नियम है, रानी उस इच्छाधारी की पर्सनल सेक्रेटरी हो जाती थी और राजा को बाहर खेत-खलिहान का काम मिल जाता था। राजा खूब समझता था कि रानी क्या कर रही है और रानी भी खूब समझती थी कि वह क्या कर रही है। करते-करते एक दिन राजा की जाँच प्रकरण की जो फाइल सचिवालय में खो गयी थी वह मिल गयी और राजा का राजपद फिर से बहाल हो गया। तब उसने सबसे पहला काम जो किया वह यह था कि उसने अपने सैनिकों को भेजकर इच्छाधारी बाबा की गर्दन उड़वा दी और रानी की दोनों आँखें निकालकर उसे बियाबान जंगल में छोड़वा दिया।

इस प्रकार सारे महत्त्वपूर्ण काम निपटाने के बाद, राजा ने पड़ोस के राज्य की एक अत्यन्त चर्चित राजकुमारी से विवाह किया और सुखपूर्वक रहने लगा। जब सुखपूर्वक रहते-रहते 15 दिन बीत गये तो एक दिन फिर शिकार खेलने निकल पड़ा, क्योंकि उन दिनों न तो जंगलों की कमी थी न झरनों की, और न ही रूपवती स्त्रियों की। ये सारी कहानियाँ कामकाजी आदमी को अतीव सुख देती हैं। क्योंकि इन सारी कहानियों में न तो ऑफिस है न फाइलें हैं, न स्टेटमेण्ट है न कोई बॉस है। इनमें कोहराम मचानेवाले बच्चे भी नहीं हैं। लेकिन कामकाजी को एक बात समझ में नहीं आती कि ऐसी नायिकाएँ अब क्यों नहीं बनतीं, जिन्हें फूल फेंककर

मार देने से घाव हो जाय। जो पान खायें तो पीक गले से नीचे उतरते हुए साफ दिखायी दे, जो अपनी सलवार का नाड़ा गले मे बाँधकर चलती हों क्योंकि उनकी तो कमर ही नहीं है।

बहरहाल कहानी खतम होती है क्योंकि राजा को साग-सब्जी का भी जुगाड़ करना है, बच्चे की किताबें लानी हैं, घोड़े को घास खिलानी है, सेनापति के षड्यन्त्र का भी कुछ सोचना है वरना कल फाइल तलब हो जायेगी, कवच फट गया है नये कवच की नाप देनी है तलवार चमकानी है और रात में झरने के किनारे मूर्च्छित होने से बचना है तो आज ही रूपवती के लिए कोई सस्ती मद्दी साड़ी भी तो लानी है।

●

बात-बेबात

बात दरअसल अभी शुरू ही हुई थी।

शुरुआत काफी गम्भीरतापूर्ण थी, और ऐसा लगता था कि अभी एक खास मोड़ पर आकर दार्शनिकता की हद तक गम्भीर हो जायेगी।

बात हालाँकि कुल जमा चार-छह लोगों के बीच थी, लेकिन सुननेवाले दो दर्जन के आसपास थे। वे बिना कोई दखलन्दाजी के, बात की गम्भीरता को अपने-अपने ढंग से पकड़ने का प्रयास कर रहे थे, पर बात जो थी वह हाथ में आकर भी किसी-न-किसी कोने से फिसल जा रही थी, पर उन दो दर्जन सुननेवालों की कोशिशें बेतहाशा जारी थीं।

...बातों के बीच में पहला बातूनी जो एक मोटे फ्रेम का चश्मा लगाये था, मुँह उठाकर किसी अदृश्य की माँ और बहन के अत्यन्त गोपनीय अंगों के बारे में अपनी टनटनाती आवाज में कुछ विचार व्यक्त करता था, जिसे सुनकर बाकी के दो दर्जन लोगों को अचानक लगने लगता था कि उन्होंने बात का सूत्र पकड़ लिया है क्योंकि वे दो दर्जन लोग देश के जिन विभिन्न हिस्सों से आये थे वहाँ भी किसी बात से असहमत होने या प्रतिरोध व्यक्त करने के लिए विरोधी या विरोधियों के परिवारों की स्त्रियों को इसी प्रकार सम्मानजनक ढंग से याद किया जाता था। लेकिन जैसे ही उन्हें लगता कि बात का कोई सिरा हाथ में आने को है, बात आगे बढ़ जाती और सब एक-दूसरे की सूरतें बिसूरने लगते।

दूसरा बातूनी जो कदरन कम उम्र का था लेकिन फिर भी वक्त से पहले ही गंजा हो गया था, पहले की तुलना में कम बात कर रहा था। वह लगभग दस या पन्द्रह मिनट तक पहले की बात सुनकर सिर्फ हाँ...हूँ करता, कभी-कभी तो शब्दों की मितव्ययता इतनी बढ़ जाती कि केवल सिर हिलाने से ही काम चल जाता, फिर जरा रुककर, वह भी तमाम अदृश्य लोगों के परिवारों की स्त्रियों के साथ, विभिन्न प्रकार के पशुओं को खुली यौन क्रियाओं के लिए आमन्त्रित कर, मुँह से फेन

छोड़ते हुए चुप हो जाता था। यही वह क्षण था, जब उस पूरी सभा में गतिशीलता आ जाती...मेजें थपथपाते हुए वे दो दर्जन लोग भी अचानक जोर-जोर से सिर हिलाते हुए हामी भरने लगते... एक क्षण के लिए ऐसा लगता जैसे सारे लोग बातचीत में शामिल हो गये हों।

पर ऐसा नहीं था। दरअसल वे लोग अभी भी बात के मर्म तक नहीं पहुँच पा रहे थे, लेकिन फिर भी कमर कसकर बैठे थे। यह पता चल पाना मुश्किल था कि बात कितनी बची है। दर असल जब तक आपको पूरी बात का अन्दाजा न हो, आप नहीं समझ सकते कि इस समय तक बात आधी हो चली है... या लगभग खतम होनेवाली है।

वह अलाव, जिसे घेरकर वे सारे लोग बैठे थे, लगभग बुझने को था। पर चूँकि बात का सीधा ताल्लुक अलाव से नहीं था, इसलिए कहना मुश्किल था कि अलाव बुझने के साथ-साथ बात भी खतम हो जायेगी। यह भी हो सकता था कि बात, गम्भीरता के चरम तक पहुँच जाती, और फिर भी उसके खत्म होने में काफी गुंजाइश बची रहती तो शायद अलाव में लकड़ियाँ और बढ़ा दी जातीं। वैसे भी अभी काफी सूखी लकड़ियाँ पास में पड़ी थीं, जो इस बात की प्रतीक्षा में थीं कि अगर बात और बढ़े तो उन्हें अलाव में समर्पित कर दिया जाय, जिस पर उन्हें कोई एतराज न होता। वे पूरी तरह से सूखीं थीं और जल जाने के लिए एक निश्चित स्थितिज ऊर्जा सहेजे थीं। इन्तजार सिर्फ बातों के और गरम होने का था।

एकबारगी लगा कि उपसंहार काफी करीब है। क्योंकि बातों का स्वर काफी-कुछ धीमा और गोपनीय टाइप का हो चला था। लेकिन तभी दूसरे बातूनी ने अपनी चप्पल उतारकर हाथ में ले ली और चप्पलविहीन पैर का तलुआ खुजाने लगा। यह एक अत्यन्त स्वाभाविक बात हो सकती थी कि किसी का पैर खुजलाये तो वह अपनी चप्पल उतार ले। लेकिन अलाव के ठीक ऊपर मोटे-मोटे अक्षरों में लिखा था... ''महत्त्वपूर्ण व्यक्ति वे होते हैं जो आदतन बातों के उस गम्भीर रूप को देखते हैं, जिनका कोई गम्भीर रूप नहीं होता!'' चूँकि वे सारे-के-सारे लोग अत्यन्त महत्त्वपूर्ण थे, जैसा कि वे समझते थे, इसलिए उन्होंने चप्पल उतारने की इस घटना को उसके गम्भीर रूप में ही देखने का प्रयास किया। एक अदद चप्पल के परिदृश्य में आ जाने से लगा कि बात जो सम्भवतः खतम हो रही थी, अभी

चलेगी...और चलती रहेगी। बातों के इस प्रकार उठने-गिरने का चलन लोकतन्त्र के लिए नया नहीं था, क्योंकि यह किसी निरंकुश तानाशाही व्यवस्था की बात तो थी नहीं कि, अचानक एक बात सभी बातों पर भारी पड़कर, बातों का सिलसिला अन्तिम रूप से समाप्त होने की घोषणा कर दे, और बाकी बातें एक फैसले की लकीर खींचकर रोक दी जायें। यहाँ तो बातें चलनी थीं... इसलिए चल रही थीं, सबकी मर्जी से चल रही थीं और उम्मीद थी कि कोई एक बात, आखिरी बात होकर समाप्त होगी। वह भी किसी डर या धमकी की वजह से नहीं, बल्कि सिर्फ इसलिए कि वह बात, शेष सभी बातों को सहमत कर लेगी। फिर अलाव बुझ जायेगा, और सभी बातूनी तमाम श्रोताओं के साथ अगली ठण्ड में फिर मिलने का वादा कर, अपनी-अपनी राह लेंगे।

पर वह आखिरी बात आने में अभी वक्त था। पाँच साल का लम्बा और उबाऊ वक्त! इसलिए, इसके बावजूद कि, उन वक्ताओं और दो दर्जन श्रोताओं को इस प्रकार बतकही और बतसुनी का तमाम अन्य सुविधाओं के साथ, अच्छा खासा पारिश्रमिक भी मिलता था, और इसके बावजूद कि. बात न तो अभी खतम हुई थी और न ही किसी निष्कर्ष पर पहुँची थी, सबने एक साथ इस पर सहमति व्यक्त की कि यह जाड़ा जो है कड़ाके का है, जिस पर एक सफेद बालोंवाले श्रोता की राय थी कि कड़ाके को सही ढंग से परिभाषित करना चाहें तो किसी सोलह सत्रह साल की एकदम जवान लड़की के कड़कपन से जोड़कर देखें तो समझने में सुविधा रहेगी... इस राय को ध्वनि मत से मान लिया गया। जाड़े से भलीभाँति निपटने के लिए समुचित खाद्य व पेय पदार्थों के बारे में भी एक छोटी चर्चा हुई जिसके साथ सफेद बालोंवाले श्रोता का आग्रह था कि उनके द्वारा अभी-अभी प्रस्तुत किये उदाहरण को भी शामिल कर लिया जाय, जिसे एक अत्यन्त दुर्बल, कृशकाय और पोपले मुँहवाले बातूनी के अनुभवयुक्त समर्थन पर शामिल कर लिया गया। अन्त में एक असन्तुष्ट श्रोता ने गरीबी...महँगाई...बेरोजगारी टाइप के अनसुने और अजनबी शब्द अस्फुट स्वर से बुदबुदाने चाहे जिस पर एक हट्टे-कट्टे कद्दावर श्रोता ने उसे उठाकर अलाव में डाल दिया। आग और तेज हो गयी..तब सारे समूह ने मिलकर एक घोषणा की कि अगले जाड़े में फिर एक अलाव लगेगा और आज की बात को वहीं से शुरू किया जायेगा जहाँ पर आज यह खतम नहीं हुई।

•

वैष्णवन की गम्भीर वार्त्ता

हिन्दी साहित्य की एक बहुत पुरानी पुस्तक है...चौरासी वैष्णवन की वार्त्ता। किताब तो मैंने नहीं पढ़ी, लेकिन जैसा कि शीर्षक से जाहिर है वह किन्हीं चौरासी वैष्णवों की वार्त्ता ही रही होगी। सुना गया है कि वैष्णव वही है जो परायी पीर जाने। किताब के कण्टेण्ट को अगर आधुनिक सन्दर्भों में ग्रहण किया जाय तो शायद यह उस जमाने के उन चौरासी चिन्तकों या विचारकों की आपसी वार्त्ता रही होगी जो परायी पीर पर वार्त्ता करने का शौक रखते थे। आजकल तो आदमी अपनी-अपनी पीर जानता है और उसके बारे में जबरदस्ती आपसे वार्त्ता करने की इच्छा रखता है, इस काम गें सहूलियत के लिए वैज्ञानिकों ने मोबाइल नामक एक यन्त्र भी बना लिया है। इस यन्त्र की विशेषता है कि यह आपको सदैव वार्त्ता के लिए प्रस्तुत रखता है, चाहे आप बेडरूम में हों या बाथरूम में। बाज महिलाओं के मोबाइल पर तो रात के दो-तीन बजे कुछ वैष्णव जन अपनी विभिन्न प्रकार की पीर प्रस्तुत करते हैं जैसे कि नींद नहीं आ रही है, अजीब-सा कुछ हो रहा है, भूख नहीं लगती है, और वे इन सारी समस्याओं पर विस्तृत वार्त्ता चाहते हैं। एक बार तो मेरे पास एक महिला का ही फोन आ गया, जिसमें उपर्युक्त समस्याओं पर वार्त्ता चाही गयी थी, मेरे यह कहने पर कि, सम्भवतः यह अपच की समस्या है जिस पर मैं चरक संहिता खोलकर अभी आपसे विस्तृत वार्त्ता करता हूँ, पता नहीं क्यों फोन कट गया।

बहरहाल, इधर मैंने चौरासी तो नहीं, लेकिन कुछ वैष्णवजन के सार्थक और गम्भीर वार्त्ता अंश संकलित किये हैं, जिनमें से कुछ नितान्त अपनी पीर पर हैं और कुछ परायी पीर पर,जो बिना काट-छाँट के अविकल प्रस्तुत हैं—

वार्त्ता—एक :
वार्ताकार—वैष्णव नं. 1 व 2
स्थान—परायी पीर सुनने-सुनाने का दफ्तर

— आप ही श्रीमान् दास हैं?

— अजी काहे के श्रीमान्! हाँ, दास जरूर हैं।

— आप यहाँ के हेड हैं?

— होंगे! मानता-वानता तो कोई है नहीं।

— देखिये, मुझे नकल चाहिए।

— अब इधर पढ़ाई छोड़े बीस साल हो गये, सो नकल भी बन्द है। पहले माँगते तो कहीं-न-कहीं से निकाल के दे देते।

— मुझे वो नकल नहीं, अपने खेत के खसरे-खतौनी की नकल चाहिए।

— भला क्यों ? ओरिजिनल तो है हमारे पास, ऑफिस में! नकल का क्या करेंगे?

— मुझे अपने लिये चाहिए, रिकार्ड में रखने के लिए।

— तो हम क्या उसका नाश्ता करते हैं? हम भी तो उसे रिकार्ड में ही रखे हैं। हमारे पास तो ज्यादा सुरक्षित है, आपसे कहीं खो-खवा गयी तो?

— खो जायेगी तो दुबारा ले लेंगे। नकल ही तो ले रहे हैं कोई ओरिजिनल तो ले नहीं रहे!

— यानी खोने के लिए ही ले रहे हैं। फिर दुबारा माँगेंगे..फिर दुबारा.. हम क्या यही करते रहेंगे?

...एक क्षण की चुप्पी! फिर पुनः वार्त्ता प्रारम्भ होती है...

— आप यहाँ क्या हैं?

— हम यहाँ क्या हैं, कुछ नहीं! बड़े-बड़े आये और चले गये। मिट गये जहाँ से यूनानो मिस्त्र रोमा! हमारी क्या हस्ती है? इस संसार में सब आने-जाने हैं।

नेपथ्य से वाह-वाह के साथ करतल ध्वनि।

— मेरा मतलब है कि आप यहाँ किस पद पर हैं?

— सेक्शन अफसर!

— आपसे बड़े कौन हैं?

— सब हमसे बड़े हैं... हम सबसे छोटे हैं! वृक्ष कबहुँ नहिं फल भखैं, नदी न संचै नीर। फल कभी वृक्ष को नहीं खाते। पानी को अपने पास नदी को रखने की जरूरत नहीं होती। हम फल हैं...नीर हैं।

— आपके ठीक ऊपर कौन है?

— पंखा!

— नहीं नहीं! आपके ठीक ऊपर अधिकारी कौन है?

— वही जो इस पूरे विश्व का अधिकारी है... आपका भी अधिकारी है... परम पद है, परमेश्वर है।

जाकी कृपा पंगु गिरि लंघैं। अर्थात् जिसकी कृपा से विकलांग पर्वत भी लाँघने लगते हैं।

— जनाब मैं इस जिले के अधिकारी की बात कर रहा हूँ!

— क्यों? जो पूरे विश्व का अधिकारी है, इस ब्रह्माण्ड का अधिकारी है वह इस जिले का अधिकारी नहीं हुआ क्या?

पुनः नेपथ्य से 'दो बज गये गुरू'... की ध्वनि।

वार्त्ता— दो :

वार्त्ताकार : वैष्णव नं. 3 व 4

स्थान— एक लम्बी सपाट सड़क के किनारे स्थित छोटी-सी पुलिया

— और क्या हाल है?

— आप सुनाइये!

— हमारा तो ठीक ही है... अपनी कहिये!

— हमारा भी ठीक ही है।

एक संक्षिप्त खामोशी... कुछ सुड़कने फिर कुछ चबाने की आवाज।

— चुनाव तो सुन रहे हैं कि अगले ही साल हो जायेंगे।

— क्यों ? अभी तो तीसरा ही साल है... बहुमत की सरकार है.. दो साल तो अभी चलनी ही है।

— नहीं, वो वाली कोई दिक्कत नहीं है। दरअसल ये लोग खुद ही गिरा देंगे।

— क्यों गिरा देंगे? कोई भर्रा है क्या?

— क्यों न गिरा देंगे? उनकी सरकार है, चाहे गिरायें चाहे रखें! आपका क्या जाता है?

— जाता क्यो नहीं ? सैकड़ों काम अटके पड़े हैं। हम तो इत्मीनान से थे कि अभी कौन-सी जल्दी है, दो साल पड़े हैं। लेकिन जरा बताइये तो, चौथे साल में ही क्यों गिराने पर तुले हैं ये लोग?

— वो इसलिए कि, पाँच साल पूरे होने पर जब जनता पूछेगी कि क्या उखाड़ा, तो वे क्या जवाब देंगे?

— और चौथे साल में ही गिराकर क्या जवाब देंगे?

— यही कि, बस उखाड़ने ही वाले थे कि सरकार गिर गयी। फिर से बनाओ तो नये सिरे से उखाड़ें!

— लेकिन सरकार तो वे खुद ही गिरायेंगे... फिर ये क्यों कहेंगे कि सरकार गिर गयी?

— तुम्हारा गिलास बहुत जल्दी खतम हो जाता है... आराम-आराम से लो तो कुछ समझ में भी आये। भई... ऐसे ही थोड़े गिरा देंगे। किसी मुद्दे पर दुःखी होंगे, आहत होंगे... फिर कहेंगे कि क्या करें! आह भरकर गिरा रहे हैं।

— हूँ...! लेकिन अब दुबारा तो सरकार बनने से रही?

— क्यों?

— अब ब्राह्मण साथ नहीं देंगे।

— तो आपको ये खुशफहमी है कि ये सरकार ब्राह्मणों ने बनवायी है?

— और नहीं तो क्या?

— मुँह धोकर आओ! तुम्हारी तबीयत कुछ ठीक नहीं लग रही। पानी इतना कम मिलाते हो कि जैसे नीट पी रहे हो। धड़का मार दिया... तो आँय-बाँय बकने लगे?

— क्वार्टर का दो तिहाई तो आपने भाँज दिया, और तबीयत हमारी ठीक नहीं लग रही?

— चखना तो सारा-का-सारा आपने उदरस्थ किया है। मैं तो घण्टे भर से चार चनों से काम चला रहा हूँ।

— कल से आपके साथ बैठकी बन्द! चूतिया बनाकर बहस करते-करते सब भाँज देते हो।

— आपके साथ बैठना कौन चाहता है? आप समर्थन हटाइये... फिर देखिये! हम तो इन्तजार ही कर रहे हैं। अब की सरकार हमारे समर्थन से बनेगी।

— बन चुकी!

— हाँ हाँ बन चुकी... बिलकुल बन चुकी।

— चल बे!...

— हट बे!...

नेपथ्य में एक ट्रक का कर्कश प्रेशर हार्न बजता है।

वार्त्ता —तीन :

वार्त्ताकार — एक वैष्णव और एक वैष्णवी

स्थान— एकान्त पेड़ों का झुरमुट

— मैं तुमसे प्रेम करने लगा हूँ।

— लगे रहो! जब हो जाये तो बताना।

— समझो हो ही गया है। क्या तुम्हें मेरा प्रेम स्वीकार है?

— कितना है?

— काफी है... छक जाओगी। तीन अलग-अलग बैंकों में एकाउण्ट हैं जिनमें...

— लेकिन मेरी माँ कहती है कि अभी मेरे पढ़ने-लिखने के दिन हैं।

— बेशक, दिन में खूब पढ़ो... कौन मना करता है?

— लेकिन बी.ए. पास करने तक उन्होंने प्रेम करने के लिए मना किया है।

— तो क्या अभी तुम्हारी माँ बी.ए. में पढ़ रही हैं?

— नहीं-नहीं! बी.ए. में तो मैं पढ़ रही हूँ।

— तो फिर उन्होंने प्रेम करने से क्यों मना किया, प्रेम तो तुम्हें करना है।

— हाँ-हाँ उन्होंने मुझे ही मना किया है।

— तो अगर उन्हें पसन्द नहीं है तो तुम उन्हें प्रेम मत करो। क्या दिक्कत है?

— नहीं-नहीं, उन्होंने लड़के से प्रेम करने के लिए मना किया है।

— तो अभी लड़का कहाँ हुआ जा रहा है? पहले तो प्रेम होगा... फिर शादी..फिर..

— आप समझ नहीं रहे!

— लेकिन मेरे पिता जी तो कहते हैं कि मैं बहुत समझदार हूँ!

— अगर पिता जी ऐसा कहते हैं तो वे जरूर होंगे। वे समझदार न भी हों तो भी बड़ों की बात माननी चाहिए।

— नहीं नहीं, वे कहते हैं कि तुम बहुत समझदार हो।

— धन्यवाद! तो आपने मेरे बारे में अपने पिता जी से भी चर्चा कर ली?

— मेरा ख्याल है कि हम लोग भटक रहे हैं।

— दुरुस्त ख्याल है! प्रेम में भटकाव तो होता ही है।

पेड़ के ऊपर कौवा और कोयल चोंच लड़ाते दिखते हैं.. और पूछते हैं.. यहाँ नेपथ्य नहीं है क्या?

वार्त्ता— चार :
वार्त्ताकार : एक वैष्णव नेता और एक वैष्णव पत्रकार
स्थान— प्रेस वार्त्ता कक्ष

— इस बार कौन जीतेगा?

— नेता!

— मेरा मतलब है कि कौन-सा मुद्दा जीतेगा... मण्डल...कमण्डल.. या दंगल?

— कौनो मुद्दा हो, जीतेगा हर हाल में नेता ही।

— लेकिन लोग तो कह रहे हैं कि इस बार वही जीतेगा जो विकास की बात करेगा?

— कौन विकास? किस बिरादरी से है? हम तो उसे जानते नहीं... जनता कैसे जान गयी?

— विकास... अरे मतलब डेवलपमेण्ट!

— हम किसी अंग्रेज को टिकट नहीं देंगे। हम सब भारतवासी ही मिलकर इस देश को महान् बनायेंगे। जय हिन्द!

— लेकिन भारतवासी तो और भी लोग हैं। शायद वही महान् बना लें...आपको मौका न मिले तो?

— नहीं नहीं, दूसरी सभी पार्टियाँ आर्य हैं। बाहर से आयी हैं। हम यहीं के मूल निवासी हैं...हम द्रविड़ हैं, हमारा मुँह देखो... द्रविड़ों-जैसा नहीं लगता?

— लगते तो आप धुर द्रविड़ हैं! लेकिन आपको पता है, आर्यों ने द्रविड़ों को दस्यु कहा है?

— जब इनकी सरकारें रहीं तब लूटा इन्होंने...और आज दस्यु हम हो गये?

— देखिये सवाल मैं कर रहा हूँ! आपको सिर्फ जवाब देना है।

— जवाब हम जनता को नहीं देते, आपको क्या देंगे। विनम्रता हममें कूट-कूटकर भरी है। हमारे पूर्वजों ने हमें सिखाया है कि कोई कुछ कहकर निकल जाय, पलटकर जवाब मत देना। गाँधी जी ने तो झापड़ खाने के बाद भी जवाब देने को मना किया हुआ है।

— तो आपकी किसी के प्रति जवाबदेही ही नहीं है?

— है न! हाईकमान के प्रति।

अचानक भगदड़ मचती है। नेपथ्य से सम्मिलित स्वर... बढ़िया व्यवस्था है....बढ़िया ब्राण्ड है... पेलो गुरू!

●

इस सादगी पे कौन न मर जाये ऐ खुदा...!

वे इतने बड़े सज्जन हैं कि बड़े-बड़े दुर्जन तक उनके नाम से घबराते हैं। पर ये न समझियेगा कि वे केवल सज्जन ही हैं और इसके अलावा उनके पास रोजी-रोटी का कोई जरिया नहीं है, वे एक बड़े अफसर भी हैं और उनके ऑफिस में उनकी सज्जनता की तूती बोलती है।

तूती एक ऐसी चिड़िया का नाम है जो सन्नाटे में बोलती है तो ऐसा लगता है कि सब पर चढ़कर बोल रही हो। जैसे कि एक जमाने में भारतीय राजनीति में इन्दिरा गाँधी की बोला करती थी... तूती! लेकिन जब यह नक्कारखाने में बोलती है तो सुनायी नहीं पड़ती। कहने का तात्पर्य यह कि, तूती का बोलना उतना महत्त्वपूर्ण नहीं है जितना कि सन्नाटे का होना। अब अगर इन्दिरा जी के सामने राजनीति में कोई टिकता ही नहीं था, तो तूती ही क्यों, वे चींटी भी पालती तो वो भी बोलती और इतना कायदे से बोलती कि सबको सुनायी पड़ता।

तो जैसा कि मैंने जिकर किया, उनकी तूती भी उनके ऑफिस में बोलती है। रही घर की बात, तो उसके बारे में वे पूरी सज्जनता से बताते हैं कि, उनके घर में एक नाकारा-सी महिला निवास करती है, जिसने जीवन में एक अत्यन्त महत्त्वपूर्ण कार्य किया कि उनसे शादी की। यह महिला उनका खाना-वाना बना देती है, फलतः उसके नाकारा होने और खाना बना लेने की वजह से उनका घर जो है वह नक्कारखाना हो गया है, सो हमारी तूती सम्भवतः बोलती तो वहाँ भी होगी, लेकिन सुनायी नहीं पड़ती। उनका मानना है कि वे सहृदय हैं। जब तक किसी की बाई पास सर्जरी की ही नौबत न आ जाये, तब तक लोग परम्परागत ढंग से ये मानकर चलते हैं कि, शरीर जो है वह हृदय के सहित ही होगा। और हृदय सहित होने को ही संस्कृत नाम की भाषा में सहृदय कहा गया है। संयोग से वे संस्कृत विषय के महान् ज्ञाता रह चुके हैं और अपनी इस सरकारी सेवा में भी वे संस्कृत के आशीर्वाद से ही आये थे, इसलिए वे गाहे-बगाहे मीटिंग-सीटिंग में

भी एकाध अत्यन्त क्लिष्ट श्लोक सुना देते हैं जो लोगों की समझ में न आने की वजह से वाहवाही की भी वजह बन जाता है।

लोकतन्त्र का एक भयानक गुण यह है कि, यहाँ हर मोड़ पर एक विपक्ष होता है, जो सदैव पक्ष के विपरीत पाया जाता है। अतः आप कुछ भी कहें, विपक्ष उसकी काट करेगा, क्योंकि यह उसका धर्म है। लेकिन अगर कोई बात विपक्ष की समझ में ही न आये, तो ऐसे में सुधीजन वाह-वाह का सहारा लेते हैं, ताकि यह स्थापित रहे कि वे उस समझ में न आनेवाले तथ्य को भी समझते हैं और यदि जरूरी हो तो उसकी प्रशंसा भी करते हैं। यह एक स्वस्थ परम्परा है।

उनकी सफलता और सज्जनता के कई रहस्य हैं, और कुछ रहस्य तो सचमुच ही इतने रहस्यमय हैं कि आज तक उन्हें खुद नहीं पता। ऐसे स्थानों पर वे प्रायः ऊपरवाले का सहारा लेते हैं, और अपनी एक आँख दबाकर जो ध्वनि संकेत करते हैं उससे लगता है कि यह उनके और ईश्वर के बीच की कोई आपसी बात है जिसे वे बताना नहीं चाहते। इससे उनकी गम्भीरता और भी मुखरित हो उठती है और ऐसे क्षणों में वे सज्जनता के शिखर पर पहुँच जाते हैं।

एक घटना तो उन्होंने खुद ही मुझे बतायी थी किस प्रकार उनके दफ्तर के एक निर्दोष कर्मचारी की नौकरी बचाने में स्वयं ईश्वर ने उनकी सहायता की थी। घटना कुछ यूँ थी कि उनके विभाग का एक अदना कर्मचारी, किसी गम्भीर टाइप के उच्चाधिकारी द्वारा कार्यालय निरीक्षण के दौरान, ईश्वर की कृपा से निमित्त बना और निलम्बित होता भया। उसकी जाँच जो थी, इन्हें मिली। ये खुद भी उस निरीक्षण के दौरान उच्चाधिकारी महोदय के साथ थे और परिस्थितियाँ कुछ यूँ बनी थीं कि, कार्यालय ही नहीं बल्कि सम्पूर्ण विश्व की अराजकता, अव्यवस्था और गन्दगी का एकमात्र जिम्मेदार उस कर्मचारी को ही घोषित करना पड़ा था। अब जिस कर्मचारी के निलम्बन में, मौखिक तौर पर ही सही, वे स्वयं भी सह-अभियोजक रहे हों, उसके पक्ष में जाँच लिखें भी तो क्या लिखें? कर्मचारी जो था वह महीने-भर रोज मिठाई का डिब्बा ले-लेकर इनके घर दौड़ता रहा। लेकिन इन्हें कोई ऐसा प्वाइण्ट सूझ ही नहीं रहा था कि जिससे उस बेचारे की मदद हो पाती। एकाध बार तो ईश्वर का विशेष ध्यान करके भी सोये कि शायद स्वप्न में ही कोई क्लू मिले, जिससे कुछ ऐसा लिख-पढ़ दें कि बेचारे कर्मचारी की नौकरी बचे।

करें तो करें क्या? सज्जन इतने कि गलत लिख नहीं सकते, आरोप इतने गम्भीर कि उनका कोई तोड़ सूझता नहीं था। बड़ी मुश्किल में फँसे! बल्कि इस तनाव में तो एक दिन उस कर्मचारी के ऊपर ही बिगड़ गये कि, क्या रोज-रोज मिठाई का डिब्बा लेकर चले आते हो। मिठाई खा-खाकर शुगर बढ़ रहा है, सोचने-समझने की शक्ति क्षीण होती जा रही है सो अलग!

होते-करते कई महीने बीत गये। एक दिन ईश्वर का चमत्कार देखिये कि अचानक कर्मचारी को सूझा कि यह रोज-रोज मिठाई लेकर जाना वाकई शोभा नहीं देता। फिर उसने सोचा कि चेंज के लिए नमकीन और फल ट्राई किया जा सकता है। लेकिन फिर ईश्वर का चमत्कार देखिये कि यह विचार भी कर्मचारी के मन में देर तक नहीं ठहरा। और अन्ततः जो विचार ईश्वर ने उसके मन में ठहराया, उसके प्रभाव से कर्मचारी अगले दिन जब हाजिर हुआ तो उसके हाथ में एक अलग तरह का डिब्बा था, जो कि दूर से ही देखने पर मिठाई का डिब्बा नहीं लगता था। आकार-प्रकार में यह जूते के डिब्बे की शक्ल का था, जिसके ऊपर लगे कम्पनी के लेबल को सायास खुरचकर निकाले जाने के बावजूद उस पर 'लखा'-जैसा कुछ लिखा प्रतीत होता था। कर्मचारी ने जैसे ही वह डिब्बा साहब की सेवा में प्रस्तुत किया, साहब बिगड़े कि मेरी सज्जनता का शायद तुम्हें अन्दाजा नहीं है। मिठाई तक तो फिर भी ठीक है, लेकिन जूते मैं नहीं खाता। रही तुम्हारी नौकरी की बात! तो उसे बचाने का मैं पूरा प्रयास कर रहा हूँ, इसीलिए आज तक तुम्हारी जाँच नहीं लिखी, कि जब तक ईश्वर ही कुछ सुझा न दे, कुछ लिखूँ तो कहीं तुम्हारे खिलाफ ही न लिख बैठूँ।

कर्मचारी जो था, वह स्वयं भी इनकी सज्जनता का कायल था, और वह इनकी उस तूती को भी जानता था जो आफिस में अक्सर बोलती रहती थी। सो उसने चरण स्पर्श कर कहा कि, हुजूर माई-बाप! आप एक बार बस डिब्बा खोलकर देख लें। पसन्द न आया तो आपकी कलम और मेरी नौकरी! जो चाहे उखाड़ लीजियेगा, उफ तक न करूँगा!

साहब ने डिब्बा खोलकर देखा तो पाया कि पूरा डिब्बा ऊपर तक कागज के रंगीन टुकड़ों से भरा था। सब टुकड़े एक निश्चित आकार के थे और सभी में राष्ट्रपिता का चित्र बना था। जैसे चित्र बनानेवाला चित्र में कहीं जगह खोजकर

अपना हस्ताक्षर कर दिया करता है, वैसे ही इन चित्रों के नीचे रिजर्व बैंक के गवर्नर के हस्ताक्षर थे। हर कागज पर एक इबारत लिखी थी, जिसका तात्पर्य यह था कि यह जो है रुपया या पैसा नहीं है बल्कि एक वचन मात्र है जो मैं आपको दे रहा हूँ कि अगर कभी आपको जरूरत पड़ी तो जितनी संख्या इस कागज पर लिखी है उतनी संख्या में रुपये देने का वचन देता हूँ। साहब को न तो कागजों से परहेज था, न वचनों से, और राष्ट्रपिता के तो वे अनन्य भक्त थे, सो कागज निकालकर रख दिये और डिब्बा कर्मचारी को वापस किया क्योंकि उससे जूते-जैसी गन्ध आती थी।

तो अब! जैसा कि उन्होंने मुझे पूरी घटना ब्यौरेवार बताते हुए उपसंहार में बताया कि, "यार! फिर ईश्वर का चमत्कार देखो कि जहाँ साला चार महीने में एक भी ऐसा प्वाइण्ट नहीं सूझ रहा था, जो उस निर्दोष की नौकरी बचा दे, वहीं उस रात जब मैं सोया तो रात तीन बजे अचानक नींद टूट गयी और ऐसे-ऐसे ताबड़तोड़ प्वाइण्ट सूझे कि घण्टे भर में ही सारी जाँच लिख डाली। ऐसे-ऐसे तथ्य निकलकर आये कि पट्ठा बेदाग बच गया। मैं इसीलिए तुम लोगों से कहता हूँ कि सदैव ईश्वर पर भरोसा रखो! वही सही राह दिखाता है।" मैं सचमुच ही उनकी सज्जनता और तत्पश्चात् राष्ट्रपिता के प्रति भक्तिभावना से ओतप्रोत हो गया।

●

गहरे पानी पैठि

हम शान्त हैं, क्योंकि गहरा जल शान्त होता है।

जिस पानी में गहराई नहीं होती, वह उछलता है, यह दिखाने के लिए कि उसमें गति है, ऊर्जा है। वह किनारों को काटता, तोड़ता चलता है...उसे भूख होती है मान्यता की, उसे प्यास होती है प्रदर्शन की...!

हमें नहीं है, क्योंकि हम गहरे हैं...जैसे समन्दर! हम अपने तटों का अतिक्रमण नहीं करते। ऐसा नहीं है कि हममें तूफान नहीं उठते, पर उन्हें हम खुद झेलते हैं और फिर शान्त हो जाते हैं क्योंकि हम उच्छृंखल नहीं हैं। हम जानते हैं कि शक्ति बल प्रयोग की योग्यता है, उसका वास्तविक प्रयोग नहीं। हम यह भी जानते हैं कि शक्ति बन्दूक की नली से नहीं निकलती, शक्ति समाहित होती है जैतून की शाखों में। हम यह भी जानते हैं कि यह सब किसने कहा है क्यों कहा है... और यदि नहीं कहा है तो किसी-न-किसी को यह कहना चाहिए था।

चूँकि हम गहरे हैं...बहुत गहरे! इसलिए हम अच्छे गोताखोर भी हैं। हम अपनी जड़ें अपनी गहराई में ही ढूँढ़ते हैं

जब फ्रान्स एक विमान बनाता है तो हम एक गहरा गोता लगाकर पुष्पक विमान निकाल लाते हैं। फिर एक एण्टीक आइटम की तरह उसे पेश कर कहते हैं कि यह तो हमने सदियों पहले बना लिया था। अब क्या-क्या बनायें...? ऊब गये हैं बनाते-बनाते! सब-कुछ सृजित कर चुके, सारी सभ्यताएँ जी चुके, अब बचा क्या है करने के लिए।

जब यूरोप में कोई दवा ईजाद होती है तो हम चैलेञ्ज करके कहते हैं कि पहले संजीवनी बनाकर दिखाओ... तब बात करो!

हमारे यहाँ बर्बरीक ने परमाणु बम बना भी लिया, संहार के लिए उसके प्रयोग का इरादा भी कर लिया, कृष्ण ने उसके विनाशक प्रयोग पर रोक भी लगा दी...फिर अब किस बात की परमाणु अप्रसार सन्धियाँ? सब तो करके बैठे हैं हम!

सर्जरी का अप्रतिम नमूना तो भगवान् शंकर ही गणेश के धड़ पर हाथी का सिर जोड़कर दिखा चुके, परखनली शिशु पद्धति से हमने एक-दो नहीं एक साथ सौ कौरव पैदा किये। संजय ने टी.वी. पर महाभारत का आँखों देखा हाल धृतराष्ट्र को सुना दिया।

अभी भी गाहे-बगाहे गणेश जी की मूर्ति को दूध पिला देते हैं हम।

नये कम्प्यूटर पर नींबू मिर्च की माला अभी भी लटका देते हैं हम।

काँवरियों के लिए राष्ट्रीय राजमार्ग महीनों के लिए आरक्षित कर देते हैं हम।

आप लोग तेल के लिए लड़ते हैं, पानी के लिए लड़ते हैं... हम लड़े हैं हमेशा सौन्दर्य के लिए, औरतों के लिए... हमारा-जैसा सौन्दर्यबोध पाइयेगा कभी?

हमें धन की चाह नहीं...परवाह नहीं! हम सदैव लुटे हैं, लूटा कभी किसी को नहीं, समझे आप? हमने कभी तलवार के जोर पर अपनी विचारधारा किसी पर नहीं लादी। धर्म एकान्त की चीज है.. मन की चीज है...हृदय की चीज है.. ऐसा आप मानते होंगे। हमारा तो मन जब भी चीत्कार करता है निकल पड़ते हैं धार्मिक होकर! फिर तो दुनिया की ऐसी-की-तैसी....हमारी ऐसी-की-तैसी और धर्म की भी ऐसी-की-तैसी!

आइये और गहरे चलें।

विभीषण को एक ही लात पड़ने पर तत्काल समझ में आ गया था कि, रावण जो कर रहा है वह अधर्म है! जब रावण सीता को उठाकर लाया था, तब से लगातार विभीषण के मन में मन्थन चल रहा था, और तब तक चला, जब तक यह पक्का नहीं हो गया कि सीता को छुड़ाने, सागर के उस पार एक बड़ी सेना आ गयी है, और रावण का पराभव अब नजदीक है। क्या है कि, दूरदर्शी कूटनीतिज्ञ भी हमारे पास तभी से होते आये हैं...

बहरहाल! यह पक्का हो जाने पर भी विभीषण ने धर्म की व्याख्या को तब तक स्थगित रखा, जब तक कि पिछवाड़े पर एक लात नहीं खा ली। लात पड़ते ही रावण राक्षस हो गया, राम भगवान् हो गये, धर्म-अधर्म के बीच छायी धुन्ध छँट गयी...और चल पड़ा धर्म का साथ देने!

इसे कहते हैं कि बिग पुश...परम धक्का! शरीर में इसकी जगह निश्चित है, और वह वहीं पड़ना चाहिए।

बाद में इस परम्परा को निभाया आम्भी ने, जयचन्द ने...वी. पी. सिंह ने, फिर अमर सिंह ने!

लीजिये, हम चले थे गहरे की ओर, और आ गये सतह पर। हद्द है!

चलिये एक डुबकी फिर लगायें!

एक बार कुछ दुकानदार लोग आये, अपने माल को हमें बेचने और हमारे माल को अपने लिये खरीदने।

हम ठहरे खरीदार टाइप के लोग। अपनी अकल बेच खाने के अलावा हमने और कुछ बेचना सीखा ही नहीं था...ज्यादा-से-ज्यादा घोड़े बेच लिये और सो रहे।

सो खरीद-फरोख्त के इस सिलसिले में वो भी भूल गये कि वो क्या करने आये थे...और हमें तो खैर याद ही नहीं था। बहरहाल जब उन्हें याद आया तो सबसे पहला काम उन्होंने ये किया कि हमें याद दिलाया, स्कूल-कालिज खोले, कांग्रेस बनवायी, डाक तार रेल सब चलाया... तब जाकर हमें याद आया कि गुरु! इन्हें तो बहुत टाइम हो गया। अब तो इन्हें जाना चाहिए, क्योंकि कहा भी गया है कि, जब तक कोई जायेगा नहीं, तब तक वापसी आयेगा कैसे? सो उन्नीस सौ बयालीस में खाली एक बार कहा कि छोड़ो... तो छोड़ गये। बोले, हम तो कब से तैयार बैठे हैं, जब तक आप विदा न करते, कैसे चले जाते?

खैर चले गये...बहुत रोका, कि दो-चार दिन और रुक लेते... इतने दिन रहे हैं तो घर के बच्चे भी घुल-मिल गये हैं...ऐसे अचानक जाना तकलीफ दे रहा है।

बोले कि तुम लोगों को तो टाइम की फिकर है नहीं। हम तो फिक्स कर चुके...15 अगस्त। अब बोल दिया तो बोल दिया...15 अगस्त माने 15 अगस्त, 1947। अंग्रेजी में बोले डन तो डन! अब तुम जानो तुम्हारा काम जाने।

वो दिन है और आज का दिन है... हम न वो अंग्रेजी भूल पाये, न उनका लहजा...! हिन्दी से तो बस जैसे-तैसे काम चला लेते हैं!

अफसोस तो इस बात का रहा कि हम एक्को बार उनको अपनी गोताखोरी का कमाल नहीं दिखा पाये! बलकिन वही लोग हमारी पुरानी गुफाओं, सभ्यताओं, मूर्तियों, किताबों, धर्मग्रन्थों को गोता लगाकर निकालते रहे, और अंग्रेजी में उसका

अनुवाद करके बाकी दुनिया को बताते रहे कि, गुरु! इनके यहाँ भी कम माल नहीं है। अच्छा तो यह है कि इन्हें पतै नहीं कि हम क्या और हमारा क्या।

...का गुरु! हमें पता होता तो नीम, तुलसी, पीपल, बरगद, सब अमेरिका अपने नाम लिखा लिया होता? वो तो दाखिल खारिज करा लिया तब जा के पता चला।

ऊपर से लिखते हैं कि हमारा देश सँपेरों, मदारियों का देश है.. तौ? हमारे हियाँ कलाकार हैं, कला की इज्जत है, तुम्हारे हियाँ निहाँय, तौ? हम गलत हो गये? चूतिया नहीं त!!

हमारे यहाँ तो क्या होता है कि, जब कोई सोता है तो कायदे से सोता है, कोई खाता है तो कायदे से खाता है, काम गया अपनी माँ ... खाने-सोने से फुरसत मिलेगी, तब न काम करियेगा? पेट के लिए ही करते हैं न सब! तब?

हमारा नारा है... मूतो कम, हिलाओ ज्यादा! काहे से कि अब दुनिया दिखावे की है। आप क्या करते हो कोई नहीं जानता। आप क्या दिखते हो, सबको पता है! तौ भइया... करौ औ चाहे ना करौ... दिखौ जरूर..! दिख नहीं रहे हैं सुरेश कलमाड़ी? दिख नहीं रहे हैं...वगैरा वगैरा?

अपने गाँव में तुम चाहे मन्त्री को देखने को तरस जाओ...हेलीकाप्टर देखने को तरस जाओ...बच्चों को उड़ती चिड़िया दिखाकर कहो कि बेटा ऐसा होता है हेलीकाप्टर! और बेटे को उसकी कल्पनाशक्ति के हिसाब से तय करने दो हवाई जहाज या हेलीकाप्टर की लम्बाई-चौड़ाई!

लेकिन तुम्हारे गाँव में बाढ़ आ जाये, एक साथ 50 आदमी का नरसंहार हो जाये, कम-से-कम 20 आदमी जहरीली शराब से मर जायें....तो हेलीकाप्टर भी देख लोगे, मन्तरी भी...सन्तरी भी!

कहावत सुनी है कि नहीं? ...फटे तब भैरो आये!

तो.... भैरो तभी आते हैं जब...फटती है। बुझला...?

●●●